MALÉDICTION PATERNELLE.

Va, fuis malheureuse. Je te maudis, toi et le monstre qui ta séduite.

MALÉDICTION PATERNELLE,

OU

LA PERFIDIE D'UNE BELLE-MÈRE,

Histoire véritable des malheurs D'HURTADO ET DE MIRANDA;

*Par l'Auteur d'*IRMA.

TOME PREMIER.

A PARIS,

Au Cabinet de Lecture, rue de la Loi, n°. 1272.

DUROSIER, Libraire, rue Baillif, n. 5.

LEROUGE, Imprimeur, cour de Rohan, passage du Commerce.

1801.

HURTADO

ET

MIRANDA,

OU LA

MALÉDICTION PATERNELLE.

HISTOIRE VÉRITABLE.

Les fastes du monde ne sont que l'histoire des crimes célèbres ; on diroit que chaque siècle se dispute l'horrible avantage d'effrayer celui qui le suit, par des forfaits qui le signalent : mais il est cependant des époques où il semble que le génie de la destruction plane avec plus de fureur sur le globe ; telle sera aux regards de la postérité celle de la fin de ce siècle : telle fut celle où la découverte d'un autre hémisphère ne sembla apprendre à ses paisibles habitans qu'il y avoit d'autres hommes, que pour leur montrer en eux des monstres sanguinaires et perfides.

La civilisation des Péruviens ayant adouci leurs mœurs, les fit tomber sans défiance sous les coups de leurs vainqueurs. Le Mexique n'avoit pas fait plus de résistance ; et ces peuples qui méritoient un meilleur sort, avoient presque disparu du pays qui les avoit vus naître, ou languissoient dans les horreurs de l'esclavage pires que la mort. Cependant, rien ne pouvoit satisfaire l'insatiable avidité des peuples de notre continent, ils cherchèrent de nouveaux crimes à commettre, et en trouvèrent quelque fois la juste punition, en attaquant des peuplades sauvages qui repoussoient avec horreur les fers dont ils savoient qu'on avoit chargé leurs frères, et massacroient sans pitié ces mêmes Européens qui, au nom d'un Dieu de paix, avoient fait couler des flots de sang indien.

Telles furent les calamités qui accompagnèrent la découverte du fleuve Paraguai, depuis nommé la Plata, en 1516, par Dias de Solis, grand pilote de Castille, qui fut mis à mort avec la plus grande partie des siens par les sauvages. Les Portugais avoient été traités de même au Brésil; ce qui avoit détourné ces deux nations rivales de ces contrées, que d'ailleurs elles dédaignèrent, parce qu'elles ne croyoient pas y trouver d'or, seul mobile de leur cruelles expéditions.

Le hasard y ramena les Espagnols en 1526. La *Victoire*, ce navire fameux pour avoir été le premier qui ait fait le tour du monde, seul de l'escadre de Magellan, étoit revenu en Europe, et y avoit rapporté beaucoup d'épiceries des Molluques. L'avantage qu'on en retira fit décider un nouvel armement, qui fut confié aux soins d'un nommé Sébastien Cabot, qui, en 1496, avoit fait la découverte de Terre-Neuve pour l'Angleterre, qui, trop occupée de ses affaires domestiques pour songer à faire des établissemens dans le nouveau monde, accueillit peu favorablement Cabot ; il vint offrir ses talens à l'Espagne où sa réputation l'avoit dévancé,

L'amiral suivit la même route que dans son premier voyage, et arriva à l'embouchure de la Plata. Soit qu'il manqua de vivres, soit qu'il craignit que ses équipages ne se révoltassent, il s'y arrêta, et remontant le fleuve, il bâtit une forteresse à l'entrée de la rivière de Riocertero qui sort des montagnes de Tucuman.

La cour d'Espagne nomma Nuno

de Lara pour garder le premier boulevard que la puissance espagnole avoit bâti sur les heureux bords du Paraguai. Sentant les risques qui environnoient ce nouvel établissement, il n'accepta ce dangereux honneur qu'à condition que son ami, son frère d'armes, Sébastien Hurtado, traverseroit avec lui les mers, et viendroit partager ses périls et sa gloire. Ils étoient séparés depuis un an que Lara avoit passé à bord; et étonné de ne pas voir son ami sur la liste des aventuriers de ces temps, où toutes les vertus et tous les crimes se trouvoient réunis dans les mêmes hommes, il s'informa de ce qu'il étoit devenu, et apprenant qu'il a quitté le service, et s'est retiré dans les environs de Séville, il y vole aussitôt; pénétrant dans sa retraite, il le serre dans ses bras, lui laisse à peine le temps de répondre à toutes les questions qu'il lui fait ; mais il lui est aisé de démêler qu'un chagrin profond le dévore, et qu'il est la cause de sa retraite. Dans ces temps où l'ambition et la soif de l'or étoient presque les seules passions qui dominoient dans les cœurs des Espagnols, ils avoient perdu cet amour chevaleresque qui les distinguoit des autres peuples.

Hurtado, pour son malheur, le connoissoit encore; et subjugué par lui, il n'étoit plus rien que par son idolâtrie pour Luce Miranda, fille du marquis de ce nom, qui habitoit la ville de Cordoue, peu distante de celle de Séville.

Luce étoit ce que la nature avoit fait de plus beau ; ses vertus, son esprit, ses graces surpassoient sa beauté qui n'avoit pas d'égale dans toutes les Espagnes. Son père l'aimoit avec passion ; elle étoit le seul fruit de son hymen avec une épouse qu'il adoroit, et qui étoit morte peu de temps après la naissance de cet enfant. Son premier projet avoit été de se consacrer entièrement à son éducation. Heureux de trouver dans l'existence de sa Luce, la possibilité d'adoucir les regrets que la perte de son épouse lui causoit, plus heureux encore s'il eût suivi cette résolution ; mais la mort de son neveu qui n'avoit pas laissé d'enfant, et éteignoit la famille de Miranda, chère au roi de Castille à qui elle avoit rendu d'importans services, lui fit éprouver de la part de Ferdinand les plus grandes instances, pour qu'il relevât sa maison en passant à un second mariage. Il avoit toutes les peines du monde à y consentir, et il sentoit qu'aucune femme n'étoit digne de porter le nom de celle qu'il pleuroit encore.

Mais la reine qui pénétroit les

desirs de son époux se chargea de vaincre sa répugnance. Eleonore de Suarez qui avoit l'honneur de lui être alliée, lui parut propre à remplir ce dessein. Elle étoit d'une grande beauté, et d'un esprit supérieur ; son père avoit dissipé sa fortune dans des expéditions brillantes, et n'avoit pas survécu à des chagrins domestiques que sa femme lui causa, et dont le remords entraîna celle-ci au tombeau. Germaine de Foix fit élever Eléonore dans un couvent, et se chargea de son établissement. Elle ne pouvoit lui en procurer un plus avantageux, qu'en la mariant au marquis de Miranda. La reine la fit donc revenir à la cour, et chercha toutes les occasions de les rapprocher.

Eléonore avoit dix-huit ans, et étoit fort belle, très-éloignée de la simplicité monastique ; mais elle cachoit son penchant à la coquetterie sous un extérieur froid et réservé ; parfaitement instruite par sa duegne, qui se nommoit Thérésia, elle savoit que les hommes n'accordent rien qu'aux apparences, et elle s'étoit promise de les garder si parfaitement, que rien ne lui feroit jamais perdre cette considération, objet de ses desirs. Dès le premier jour qu'elle vit Miranda, elle conçut le projet de l'attirer dans ses filets, et avant que la reine l'eût instruite de ses intentions à cet égard. Elle avoit déjà fait part à Thérésia de la satisfaction qu'elle auroit d'être la femme d'un aussi grand seigneur, dont la fortune surpassoit la naissance. Thérésia approuva ce projet; mais Eléonore y vit bien plus de facilité, quand son auguste parente lui parla de ses vues. Cependant, elle dissimula, sous un air de modestie, la joie qu'elle en ressentoit, et l'assura seulement qu'elle étoit toujours prête à suivre sa volonté.

Dès le soir, le roi ne cacha pas au marquis, qu'il attendoit de son attachement de faire ce mariage. Miranda se retrancha sur la différence d'âge avec cette belle personne, et qu'il étoit impossible qu'il pût espérer d'en être aimé.— Vous êtes devenu bien défiant de votre mérite, répartit le roi en riant ; mais pour vous mettre très-à l'aise sur ce point, je vous dirai qu'Eléonore est très-disposée à vous donner sa main, sur le bon témoignage que la reine lui a rendu de vous ; et d'ailleurs, sa raison est tellement au-dessus de son âge, qu'elle préfère vos qualités estimables à tout le clinquant de la jeunesse. Miranda ne trouvant pas de réponse à une déclaration aussi formelle, crut au moins que l'intérêt que les rois connoissent comme les particuliers, diminueroit peut-être l'empressement que leurs majestés mettoient à cette affaire. — Je sais, dit-il, que le droit d'aînesse assure aux enfans mâles la plus grande partie de la fortune de leurs pères ; c'est ce qui m'a décidé à ne point donner de frères à ma Luce ; et si pour vous complaire, seigneur, je me décidois à me remarier, ce ne seroit qu'à la condition que la moitié de mes terres appartiendroit de droit à ma fille aînée, et que mes autres enfans, quelque nombre que je pusse en avoir, n'auroient à partager que dans l'autre moitié.—Le roi lui représenta que c'étoit contre les lois. — Aussi, n'y en a-t-il pas qui puisse m'obliger à passer à de secondes noces. — Eh bien! dit le prince, il faudra qu'Eléonore se détermine à donner le jour à des cadets, et je suis sûr que sa haute estime pour vous l'y déterminera facilement.

Miranda pressé dans tous ses retranchemens fut obligé de donner son consentement ; mais il demanda d'avoir une conversation particulière avec Eléonore avant que ce mariage fût publié : ce qu'on ne put lui refuser. Il se rendit chez la reine à l'heure du jeu, et dès qu'elle le vit elle l'accueillit avec une extrême bonté. — Je sais, lui dit-elle, que vous voulez entretenir Eléonore ; la voici occupée à broder dans l'embrâsure de cette croisée ; vous pouvez causer avec elle aussi long-temps que vous voudrez, je suis bien sûre que plus vous la connoîtrez, plus vous desirerez lui être uni. Miranda ne répondit que par une profonde inclination, et dès que l'on se fût placé au jeu, il s'approcha d'Eléonore, dont les grands yeux noirs, attachés sur son métier, n'avoient pas paru le voir entrer, quoiqu'elle n'eût pas perdu un seul de ses mouvemens. — Les bontés du roi, Dona, lui dit-il, sont extrêmes, en paroissant s'occuper d'un mariage qui devroit être envié par les hommes les plus aimables de la cour ; votre beauté, vos graces, la faveur dont vous jouissez auprès de la reine, devroient faire desirer votre alliance par tout ce qu'il y a de plus grand. Comment se fait-il que ce bonheur ne soit pas senti par mon cœur avec l'ardeur que vous devez être sûre d'inspirer ? Hélas ! je vous supplie, ne m'en accusez pas; si vous aviez été le premier objet qui eût occupé mon cœur, croyez que j'aurois senti tout le mérite d'une aussi brillante conquête; mais mon ame s'étoit donnée à celle que je pleurerai jusqu'à mon dernier soupir, avec un abandon qui ne me permettra jamais d'aimer d'amour la plus belle des femmes. Je sens que ce discours est fait pour vous offenser, aussi ne demandai-je point d'indulgence : rejetez, Dona, des nœuds indignes de vous, et délivrez-moi du malheur de ne pas vous rendre aussi heureuse que vous le méritez. — Eléonore qui n'avoit point interrompu sa broderie tant que Miranda avoit parlé, leva enfin les yeux sur lui; mais le feu dont ils brilloient étoit tempéré par une si extrême modestie, une rougeur si timide colora son teint, que jamais l'innocence ne para avec plus de grace une jeune fille. Elle resta un moment sans lui répondre ; puis elle reprit d'un ton doux et tremblant : je ne sais, seigneur, ce que c'est qu'amour et vivacité de sentiment. A peine sortie du berceau, j'ai perdu mon père et ma mère : élevée parmi les vierges consacrées au seigneur, je me suis crue long-temps destinée à en augmenter le nombre ; les bontés de la reine m'ont replacée à la cour, et le premier sentiment de mon cœur a été la reconnoissance laplus sincère envers elle : mais j'étois loin d'imaginer que je dusse espérer de me marier, et mon goût ne m'y portoit pas ; mais lorsque sa majesté me parla de vous, je sentis diminuer ma répugnance pour cet engagement, qui, dit-on, impose des devoirs si sévères. Je savois combien vous aviez rendu votre femme heureuse, et l'on ne parloit que de votre tendresse pour votre fille ; d'ailleurs, votre âge qui s'éloigne de la vivacité d'une jeunesse dont les seuls regards m'effrayent, jointe à vos qualités personnelles, me firent répondre à la reine que je n'aurois d'autre volonté que la sienne : c'est donc à elle seule que je m'en rapporte pour décider de mon sort, et soit qu'elle juge que vous me convenez, soit qu'elle change d'idée, ce qu'il y a de bien sûr, ajouta-t-elle en baissant la voix et se remettant à l'ouvrage, c'est que je m'étois fait, d'après tout ce qu'elle m'a dit, une si douce idée de passer mes jours avec vous, que je la prierai de ne pas penser à moi pour un autre mariage, de me laisser auprès d'elle, n'ayant d'autres soins que de lui plaire, ou de me permettre de rentrer dans mon couvent.

Miranda ne put s'empêcher d'être sensible à ces marques d'estime, et sa réponse tranquillisa ce cœur qui paroissoit si naïf et si tendre. Eléonore déjà maîtresse de tous ses sentimens, ne laissa paroître de joie que ce qu'il en falloit pour prouver à Don Miranda, de plus en plus, qu'il étoit aimé, et pas assez pour lui faire craindre qu'une passion impétueuse ne peut être satisfaite de la simple amitié qu'il lui offroit. Il se sépara d'elle en l'assurant qu'il alloit presser l'instant de leur union, si toute fois la clause de la donation de la moitié de ses biens à sa fille n'étoit pas un obstacle...... — Ce que vous me dites là, reprit avec un peu plus de vivacité l'adroite Dona, m'est encore bien plus inintelligible. Que sont pour moi vos richesses! est-ce à celle qui, sans les bontés de la reine, auroit manqué du nécessaire, à savoir ce que ses enfans auront ou non à prétendre; ils porteront un nom que vos vertus et celles de vos ancêtres ont rendu illustre; voilà, seigneur, tout ce que je veux savoir. J'aimerai votre Luce comme ma fille, et tout ce que vous ferez pour elle, ne pourra qu'accroître mon estime pour vous. — Tant de délicatesse et de générosité achevèrent de vaincre l'éloignement de Miranda pour de nouveaux liens, et il s'estima heureux, puisque le rang qu'il tenoit le forçoit à les contracter, de trouver une femme qui possédoit d'aussi grandes qualités. Il se rapprocha du fauteuil de la reine; et se penchant vers son oreille, il lui dit : je serois, madame, le plus ingrat et le plus aveugle des hommes, si je pouvois seulement retarder l'instant de mon union avec Dona Suarez; il ne me reste que le regret de ne pouvoir être digne de tout ce qu'elle mérite.-La reine sourit, et lui dit : je savois bien que vous ne résisteriez pas aux vertus et aux graces de mon enfant, car je la regarde comme telle. Dès le soir même, Ferdinand publia ce mariage; Miranda et Eléonore furent admis au souper du roi, les articles signés dès le lendemain : huit jours après les noces furent célébrées avec une pompe vraiment royale.

Théresia continuoit à instruire son élève de ce qu'elle devoit faire pour acquérir un empire absolu sur le cœur de son époux, et le jour qui précéda son mariage, elle lui tint ce discours :

Je n'aurois, Dona, aucune instruction à vous donner, si vous épousiez un homme de votre âge, et dont l'ame neuve et ardente fût sensible à l'éclat de vos charmes ; c'est alors qu'il suffiroit d'être maîtresse passionnée, de répondre à l'ardeur que vous inspireriez, et d'allumer de plus en plus une passion qui vous assureroit la plus entière domination ; mais ici vous avez bien autres choses à faire. Jamais Don Miranda n'aura d'amour pour vous, car on n'en a qu'une fois dans la vie ; mais il le faut forcer à une estime si parfaite, qu'il se repose entièrement sur vous, non-seulement de son honneur, mais du soin de sa maison, et sur-tout de l'éducation de sa fille, qui, je ne vous le cache pas, sera toujours un obstacle à votre bonheur, comme elle en est déjà un à la fortune des enfans que vous aurez. Or, je vais vous apprendre le secret que beaucoup de femmes employent, et dont tous les maris sont dupes : c'est qu'il faut que Don Miranda vous croye d'une froideur que rien ne peut émouvoir ; et comme les hommes ne manquent pas d'amour-propre, si vous recevez les marques de tendresse qu'il se croira obligé de vous donner, avec une espèce de crainte, et comme contrainte par votre devoir, il sera persuadé que jamais aucun homme ne pourra faire sur vous la plus légère impression. Ajoutez à cela de très-longues prières avant de vous coucher ; qu'il ne trouve jamais sur votre toilette que des livres graves et pieux. Ne manquez jamais à vous rendre à l'église, au moins une fois par jour : il n'est point nécessaire que vous changiez de confesseur, le père Michealos est ce qu'il nous faut, il est d'une figure insignifiante et encore plus borné ; on ne le soupçonnera pas de se mêler d'intrigue. Ajoutez à ces précautions une douceur, une complaisance sans bornes et inaltérable pour votre époux ; le plus grand ordre dans l'administration de l'argent qu'il vous donnera pour vos dépenses particulières. N'ayez jamais de familiarité avec vos femmes ; exigez d'elles une sévérité de mœurs extrême ; marquez à la petite Luce la plus grande tendresse, et laissez au temps, à l'habitude, à vous assurer un empire bien plus certain que celui d'une passion que mille circonstances peuvent détruire. Je conçois, ajouta-t-elle, que ce genre de vie n'a rien de bien séduisant pour une femme de dix-huit ans; mais, reposez-vous sur moi pour en adoucir l'amertume.—Eléonore qui étoit accoutumée depuis son enfance à ne rien croire que Théresia, lui promit la plus extrême soumission à ses avis, que l'on a trouvé après sa mort, dans un mémoire qu'elle avoit écrit, et intitulé : *Avis d'une Duegne*. Hélas! Dona Miranda ne les suivit que trop.

Son époux qui étoit bien loin de soupçonner l'art qu'on employoit pour le séduire, se trouvoit aussi heureux qu'il pouvoit l'être, et remercioit chaque jour la reine de lui avoir donné une épouse, qui, aussi jeune, avoit tant de qualités et de raison. On ne parloit à la cour que de la haute vertu de Dona Miranda, et les jeunes gens qui avoient cru qu'en épousant un homme qui avoit plus du double de son âge, elle pourroit être sensible à leurs hommages, la voyant si froide et si réservée, perdirent tout espoir, et se bornèrent à l'admirer comme une belle statue.

Elle acquit de nouveaux droits sur son époux en donnant le jour à un fils ; mais Miranda se rappelant les douces émotions qu'il avoit éprouvées à la naissance de Luce, ne sentit que trop qu'il lui faudroit un effort continuel pour cacher l'extrême différence de ses sentimens pour cette fille chérie avec les enfans que lui donneroit Eléonore. Celle-ci ne s'en apperçut que trop, et commença dès cet instant à sentir pour sa belle-fille un éloignement invincible ; mais elle le dissimula : cependant, comme si le cœur d'une femme ne pouvoit exister que par les plus tendres sentimens, elle se livra avec transport à l'amour maternel, et jura à son fils de le dédommager, par tous les moyens, de la froideur de son père.

Luce étoit dans l'âge si intéressant, où la raison qui commence à luire, n'étoient pas encore les saillies de la gaiété naïve. Son père en étoit idolâtre, et il n'épargnoit rien pour cultiver les heureuses dispositions qu'elle avoit reçues de la nature : mais, trompé par les apparences de vertus de sa femme, il ne crut point pouvoir la confier à des mains plus sûres, et mit peu d'importance au choix d'une duègne, dont seulement on l'assura de la bonne conduite. Luce passoit toute la journée auprès de sa belle-mère, qui sembloit partager ses soins entr'elle et son fils; ce qui l'éloignoit des plaisirs, et même des prétendus devoirs de son rang. Elle n'alloit presque plus à la cour, et retirée

dans

dans l'intérieur de son palais, elle y vivoit en simple particulière.

Don Miranda dont la santé étoit assez chancelante, étoit ravi de cette simplicité de mœurs ; et se livrant à son goût pour les lettres, faisoit de sa bibliothèque, de l'embellissement de ses jardins, son seul amusement. Il avoit dû prendre une si grande confiance dans les qualités de sa femme, qu'il lui avoit remis entièrement le soin de sa maison ; et grace aux conseils de Théresia, Eléonore étoit parvenue à être la souveraine maîtresse chez elle ; son époux ne faisoit rien sans la consulter ; l'ordre, la paix et l'abondance régnoient autour de lui. Quelques années se passèrent, et Eléonore vit ses vœux comblés par la naissance d'un second fils ; mais aussi elle se rappela la clause du contrat, qui ne leur donnoit à chacun que le quart de la fortune de leur père, tandis que Luce en avoit la moitié. Elle en ressentit une douleur qu'elle eut bien de la peine à dissimuler ; mais Théresia la consoloit, en lui faisant espérer dans l'avenir quelques évènemens qui pourroient changer cette injuste disposition.

La haine d'Eléonore pour Luce alloit toujours croissant, en proportion de son ivresse pour ses fils, dont l'aîné lui ressembloit parfaitement et annonçoit son caractère. Don Miranda s'efforçoit pour leur témoigner de la tendresse ; mais il ne pouvoit se rendre compte à lui-même de l'espèce d'éloignement qu'il éprouvoit pour eux, tandis que chaque jour lui rendoit Luce plus chère. Un évènement augmenta encore l'activité de la jalousie de Dona Miranda, et la justifia, en quelque sorte, si ce sentiment pouvoit l'être.

Eléonore avoit réuni pour la fête

de son mari les plus célèbres musiciens de Cordoue pour un concert, et le directeur de la fête, qui devoit se terminer par un feu d'artifice et des illuminations, avoit fait une Romance que Luce devoit chanter, en s'accompagnant de la guittare dont elle commençoit à pincer avec infiniment de goût. Il y avoit aussi de petits couplets pour le fils aîné d'Eléonore, et elle-même devoit en chanter un pour celui qui étoit dans les bras de sa nourrice. Tout avoit été préparé dans le plus grand secret; et à l'heure que Miranda quittoit sa bibliothèque pour descendre dans l'appartement de sa femme, il trouva la galerie illuminée, et toutes les femmes de la cour réunies, dans la grande parure. Aussitôt qu'il y entra, la symphonie se fit entendre. Miranda fut fort sensible à l'attention de la marqusie, et l'en remercia par un sourire gracieux;

mais se rappellant tout-à-coup qu'il y avoit dix ans, qu'à pareil jour, sa première femme lui avoit donné une fête semblable, et que c'étoit la dernière qu'il eut reçue d'elle, parce qu'elle avoit été atteinte de la maladie dont elle mourut, en quittant le bal qui avoit suivi le concert, il se sentit troublé; c'étoit par cette raison que depuis ce temps on n'avoit pas célébré sa fête. Mais Dona Miranda imaginant que cette époque étoit effacée de sa mémoire, l'avoit cru favorable pour lui donner une marque de son attachement, ou du moins de celui qu'elle vouloit que l'on crût qu'elle avoit pour lui; elle vit bientôt qu'elle s'étoit trompée, par l'air sombre qui se peignit sur sa figure, et par les larmes qui bordoient sa paupière. Il n'étoit pas revenu de ce trouble involontaire quand Luce chanta une Romance, non celle que la marquise avoit fait composer pour elle, mais une que cette aimable enfant avoit essayé sur l'air qu'on lui avoit appris ; elle n'en avoit rien dit à personne, dans la crainte que l'on ne s'y opposât. La voilà telle qu'elle a été trouvée dans la cassette de Don Miranda, qui l'avoit conservée :

ROMANCE.

Sur l'air : *O ma Zélie.*

Ma foible voix pourra-t-elle, mon père,
T'offrir mes vœux, peindre mes sentimens?
Non, l'art heureux de chanter et de plaire,
N'a pas encore animé mes accens.

Je sais t'aimer, et j'ose te le dire ;
Mon cœur peut seul s'exprimer dans mes chants.
Et d'Apollon si je n'ai pas la lyre ,
Mon tendre amour peut les rendre touchans.

De mon bonheur quand la parque jalouse,
Eut de ma mère, hélas ! voulu la mort,
Je te restai, pour que de ton épouse
Nos cœurs unis déplorassent le sort.

Tu dis souvent que je suis son image,
Et tes regards la cherchent dans mes traits.
Mais ses vertus veulent un autre hommage,
En l'imitant, je calme tes regrets.

Miranda ne laissa pas à peine à sa fille chérie le temps d'achever le dernier mot, que la prenant dans ses bras, et sans écouter son fils qui avoit commencé les couplets qui devoient suivre ceux de Luce, qu'il la couvrit de baisers et de larmes. — Oh ! oui, lui dit-il, tu es la vive image de celle que je pleurerai jusqu'à mon dernier soupir, celle que j'ai perdue presqu'à ce même jour, il y a dix ans, qui n'ont point affoibli son souvenir; il règne toujours dans mon ame, elle revit en toi; ce n'est que pour toi, ma Luce, que j'ai pu supporter la vie; toi seule peut encore l'embellir. L'enfant ne répondoit rien à son père que par ses pleurs et ses caresses. En vain, le fils d'Eléonore vouloit chanter ses couplets; son foible organe, quoiqu'accompagné par la symphonie, ne se faisoit pas entendre du marquis qui ne pouvant résister à l'impression qu'un si fatal souvenir lui faisoit éprouver, se retira emmenant avec lui sa fille. Dona Miranda tremblante de colère et de jalousie, ne savoit si elle devoit laisser continuer la fête, ou la faire cesser. Mais jetant les yeux sur la nombreuse assemblée qui l'environnoit, elle pensa que ce seroit faire un outrage à tout ce qu'il y avoit de plus illustre dans Cordoue; et se remettant, elle rappela son fils, et faisant des excuses à tous ceux qui étoient là, elle rejeta sur un excès de sensibilité, qui, disoit elle, honoroit son époux, la nécessité où il avoit été de se retirer; et concentrant au fond de son cœur la rage qui la dévoroit, elle reprit une contenance tranquille, ordonna aux musiciens de continuer. Tandis qu'ils exécutoient un concerto du plus habile maître, elle appela Stéphano Borelli, son écuyer, et lui dit d'aller s'informer des nouvelles du marquis, et de l'engager à revenir dans la galerie. Ce Stéphano avoit la confiance de Don Miranda et de son épouse; il étoit italien, et réunissoit tous les vices aux qualités les plus brillantes; doux, modeste dans la société, cherchant sans cesse tout ce qui pouvoit plaire, sachant louer avec tant d'art, qu'on n'appercevoit pas la fumée de l'encens dont il enivroit ceux à qui il l'adressoit; discret, adroit, doué d'une figure plus agréable qu'heureuse, tel étoit Borelli. Il étoit venu très-jeune chez le père de Luce, qui d'abord l'avoit eu en qualité de page; sa raison, sa sagesse, sa haute piété, car il en avoit toutes les apparences, inspirèrent tant de confiance à son maître, qu'il le donna pour écuyer à la marquise. Borelli employa toute son éloquence pour engager le marquis à revenir dans la galerie, et enfin l'y détermina. Mais, soit l'embarras qu'il éprouvoit d'avoir su si peu se contraindre, soit l'impression de la douleur qu'il ressentoit encore de ses tristes souvenirs, il avoit l'air si occupé, il se prêtoit si peu à l'enjouement qui devoit naturellement animer la réunion des deux familles, et de toutes les personnes de leur connoissance, que l'on ne put croire lui faire sa cour en prolongeant cette soirée : aussi, dès que le feu d'artifice fut tiré, tout le monde, sous prétexte de se promener dans les jardins qui étoient illuminés, se retira ; et lors qu'on eut servi le souper, qui étoit pour cent couverts, il ne se trouva que le marquis, sa femme et quelques personnes qui mangeoient toujours au palais.

La marquise, loin de faire des reproches à son mari d'avoir troublé ses plaisirs, poussa la dissimulation jusqu'à lui faire des excuses d'avoir si innocemment renouvelé ses douleurs. Don Miranda qui étoit le meilleur des hommes, fut pénétré jusqu'au fond du cœur d'une aussi grande modération, ne négligea rien pour réparer autant qu'il lui fut possible, le chagrin qu'il lui avoit causé ; et de cet instant, il s'imposa la loi de commander aux mouvemens de son cœur, et de paroître plus sensible à l'affection d'une femme qu'il croyoit mériter toute son estime ; mais le coup étoit porté, et rien ne put effacer de l'esprit de Dona Miranda l'affront qu'elle avoit reçu ; elle se promit d'en tirer une vengeance terrible, dont la pauvre Luce devoit être l'objet ; elle vouloit sur-tout détruire la tendresse que son père avoit pour elle, la regardant un obstacle à celle qu'elle auroit desiré qu'il eût pour ses fils, objets uniques de son attachement. — Non, disoit-elle à Théresia, vous ne vous figureriez jamais ce que je souffre, quand je vois avec quelle indifférence le marquis traite mes enfans; il faut être mère pour sentir le désespoir que ses caresses pour cette petite fille me font éprouver : n'y auroit-il pas un moyen de la rendre moins aimable à ses yeux ? Je vois, et c'est mon supplice, que ce n'est point à l'aveuglement de l'amour paternel, qu'elle doit l'attachement qu'il a pour elle, et je sens que si je n'avois pas de si fortes raisons de la haïr, je conviendrois qu'on ne peut être plus aimable ; elle réussit à tout ce qu'elle entreprend ; son esprit est bien supérieur à son âge ; on n'est pas meilleure, plus sensible : tout le monde, excepté moi, l'idolâtre. Ah! que n'est-elle ma fille; combien j'en serois fière ! mais elle l'est d'une femme qui vit encore dans le cœur de mon époux, qui tout occupé de son souvenir, n'a pas daigné savoir si j'étois capable d'aimer, et dont l'indifférence a seule été cause que j'ai cherché à me dédommager de ses dédains, comme si quelque chose pouvoit dédommager du bonheur que donne la vertu. Je règne, il est vrai, dans l'intérieur de mon palais ; je dispose entièrement de son immense fortune ; mais de cette fortune la moitié en appartient à Luce : qui sait s'il daignera même laisser à mes fils la part qu'il s'est vu forcé de leur abandonner. Ah ! Théresia, je suis bien malheureuse ! — Je ne crois pas, Dona, que vous le soyez toujours; il est mille moyens d'atténuer cette vive tendresse qui vous cause tant de peine; attendez l'âge où les passions en se développant lui donneront avec son père des torts assez graves pour la bannir de son cœur. Employez vos soins à développer sa sensibilité : loin de la réprimer, elle deviendra excessive; et en l'exaltant, il vous sera facile de la conduire à des démarches inconsidérées que son père ne lui pardonnera jamais. — Eléonore ne sentit que trop l'utilité de ce perfide conseil, et mit tout en usage pour en tirer parti.

Il n'est que sous les rayons brûlans du soleil qu'il se trouve des exemples d'une vengeance si long-temps méditée. D'ailleurs, cette femme née d'une mère Maure et d'un père

Portugal, avoit succé avec le lait cette profonde dissimulation, cette atroce perfidie qui contraste avec la loyauté espagnole.

Déjà les Arabes avoient cultivé ce genre de littérature si dangereux pour les jeunes personnes, où l'amour se présente sous les dehors les plus séduisans, où la résistance aux sages volontés des auteurs de nos jours est honorée du nom de constance héroïque; où les traverses, les dangers d'une passion malheureuse sont regardés comme des moyens de rendre plus douces les jouissances qu'elle prépare à ceux qui savent les vaincre. Dona Miranda avoit trop de finesse pour paroître consentir à ce que son élève se permît une lecture aussi pernicieuse à son âge; mais sachant que la défense aiguillonne le desir, elle lui en faisoit la critique la plus sévère, et finissoit toujours par la lui interdire comme ce qui pouvoit lui être le plus nuisible, et en même temps elle avoit grand soin de laisser quelques-uns de ces livres qu'elle peignoit si dangereux, sur sa table, souvent ouverts aux endroits les plus voluptueux. Luce accoutumée à les regarder comme un poison, n'osoit d'abord y toucher; mais, peu-à-peu la curiosité, ce sentiment si fort dans une jeune fille surmonta la crainte; elle prenoit le livre, y jetoit un coup-d'œil timide, lisoit une phrase, puis le remettoit bien vite, dans la crainte que sa belle-mère ne rentrât.

Un jour qu'elle avoit commencé un récit qui l'intéressoit vivement, et qu'elle ne pouvoit se résoudre de laisser à moitié, elle prend un autre livre qui étoit sur une consolle, et le mettant à la même place, emporte avec elle celui qu'elle avoit ant d'intérêt de lire; c'étoient les amours de Gonsalve de Cordoue, dont les hauts-faits étoient encore récents : elle ne voit que des exemples de courage et de vertus, et elle ne sent pas qu'ils ne servent qu'à rendre plus dangereux les doux propos d'amour que l'auteur mêle au récit des actions glorieuses. Cependant, la nuit entière est employée à le lire; et enchantée de ce que sa ruse ait réussi, que sa belle-mère ni sa duegne ne se soient pas apperçues de son larcin, elle se promit bien de ne pas manquer l'occasion de le répéter toutes les fois que la fortune lui en offrira les moyens.

Dona Miranda qui voit que Luce sait désobéir et dissimuler sa désobéissance, sourit à l'espoir de la voir bientôt s'égarer des sentiers de l'honneur, et mériter l'indignation d'un père dont elle a fait jusqu'alors les délices. Ces premiers pièges ne suffisoient pas; ils ne pouvoient entraîner la perte de Luce qu'autant qu'elle trouveroit à mettre en pratique les principes qu'elle lui laissoit puiser dans les poëmes arabes, tant qu'elle n'auroit pas rencontré celui qui électriseroit son ame. C'étoit en vain que Luce éprouvoit cette agitation, compagne d'un desir sans objet : déjà cette naïve gaiété, charme de l'innocence, avoit fait place à une langueur mélancolique qui la rendant plus touchante, la rendoit moins heureuse.

Le marquis de Miranda en étoit alarmé; et croyant que sa femme partageoit ses sentimens pour sa Luce, il lui peignoit ses inquiétudes. L'adroite marquise les traitoit de chimère, assuroit que le cœur de sa fille étoit aussi calme que dans sa plus tendre enfance, et que le soin qu'elle avoit pris d'éloigner d'elle tout ce qui pouvoit éveiller son imagination, rendoit impossible qu'elle eût la moindre idée des passions, qu'elle n'en auroit jamais d'autre que de lui obéir — Ah! reprenoit ce bon père, j'espère que ce devoir n'aura rien de pénible; tout ce que je lui demanderai, c'est d'être heureuse, et pour l'être, d'éviter de s'attacher à ces aventuriers qui cachent, sous le prétexte de la gloire, les passions les plus funestes à l'humanité. Non, je ne souffrirois jamais que ma fille s'unît avec un de ces barbares qui ont été porter la terreur dans ces contrées paisibles, où ils eussent été reçus comme des Dieux, si seulement ils étoient restés des hommes. Je sais que quelques-uns ont montré des vertus; mais le nombre en est si rare, et l'occasion si prochaine de se gorger d'or et de sang, que rien ne m'y feroit consentir. Eloignez-les donc avec soin, mon amie, de ma chère Luce, vous qui l'aimez comme votre propre fille ; vous à qui je dois tant de reconnoissance pour les soins que vous lui prodiguez, et qui servirez d'exemple à toutes celles qui, comme vous, en s'unissant à un époux, déjà père d'un enfant, ont contracté l'obligation de remplacer la mère que la mort lui avoit enlevée. Mais qui a jamais rempli ce devoir sacré comme vous! Aussi, le ciel a-t-il béni vos efforts, et ma Luce est un prodige de talens et de vertus.

Dona Miranda bien plus irritée par les louanges que son époux donnoit à sa fille, que sensible à la gratitude qu'il lui témoignoit, n'en fut que plus acharnée à perdre sa victime. Voyez, disoit-elle, s'il m'a dit un mot de mes enfans ; il n'existe que pour sa fille, il ne pense qu'à elle, et ne me marque quelque bienveillance, que parce qu'il me croit nécessaire à cette idole de son cœur. Si une fois il la marioit suivant ses desirs, l'époux de Luce seroit encore pour lui un objet sacré, et leurs enfans partageroient toutes ses affections; il ne resteroit plus de place dans son cœur pour les miens : non content de les traiter avec indifférence, il les priveroit peut-être de la portion qui leur revient dans sa fortune, et je me trouverois à sa mort, qui doit être long-temps avant la mienne, réduite avec mes fils aux horreurs de la misère. Non, non, je ne le souffrirai point; non, je détruirai cette tendresse qui m'offense depuis si long-temps : déjà Miranda m'en fournit les moyens; il ne consentira pas, dit-il, au mariage de sa fille avec un de ces vainqueurs de l'Amérique; il me recommande de les éloigner d'elle : eh bien ! tâchons d'en trouver un qui inspire à Luce la plus violente passion, sans paroître servir leurs amours; trouvons-leur un confident, qui, en me rendant compte de leurs moindres actions, me mettra à portée de les envenimer aux yeux du père de Luce.

Elle n'eut pas de peine à trouver ce confident, ou, plutôt, ce complice du plus affreux des crimes : ce fut Borelli. Il y avoit long-temps qu'après s'être assurée de sa parfaite discrétion, elle l'avoit enhardi à lui offrir des vœux qui ne furent point rejetés; alors, ces deux ames perfides se montrèrent l'une à l'autre sans contrainte, et comme si ce n'eût pas été assez de violer les devoirs les plus sacrés de l'hymen et de la reconnoissance, ils ne pensèrent plus qu'à porter le désespoir dans l'ame d'un époux, d'un maître et d'un bienfaiteur. Borelli avoit une raison de plus que Dona Miranda ignoroit ; il avoit osé lever les yeux jusqu'à la fille de son maître, il avoit conçu pour elle la plus violente passion; sûr de ne jamais parvenir à se faire aimer, par la froideur et presque le dédain que Luce Miranda lui marquoit, il résolut de s'en venger, en s'unissant aux projets criminels de cette femme, au char de laquelle il s'étoit enchaîné. Il ne conçut de bonheur qu'en faisant souffrir à Luce tous les maux qu'un amour insensé, qu'il n'osoit avouer, lui faisoit éprouver. D'ailleurs, ce sentiment qui n'est jamais sans espérance, lui faisoit entrevoir que s'il parvenoit à faire perdre à Luce l'affection de son père, elle tomberoit dans un si profond abandon, qu'elle seroit forcée de se confier à lui, qu'alors il obtiendroit de la reconnoissance ce qu'il voyoit bien qu'il ne pourroit espérer de l'amour : peu lui importoit d'être le premier qui touchât le cœur de Luce ; dût-il, en l'égarant, la conduire au dernier dégré de l'infamie, pourvu qu'il la possédât, tout lui étoit égal. Qu'on ne s'étonne donc pas de lui voir seconder avec tant d'empressement les vues de Dona Miranda; elles se trouvoient d'accord avec les siennes.

Il lui étoit plus facile de les mettre à exécution qu'à la marquise, qui, suivant les mœurs Espagnoles, ne sortoit presque jamais de son palais. Borelli lui promit donc de chercher, dès le jour même, à se lier avec un gentil homme des environs de Séville, depuis peu arrivé à Cordoue, pour y solliciter de la cour, qui y étoit alors, un vaisseau, afin de repasser dans le nouveau monde, où il avoit déjà fait deux expéditions.

Nous nous sommes rencontrés, ajouta-t-il, dans les environs de cette ville; et comme ce jeune officier savoit que j'étois attaché à Don Miranda, il m'avoit demandé s'il pouvoit compter sur sa protection. Comme j'ignorois, Dona, qu'il pourroit être utile à vos vues de lui donner entrée dans le palais, je ne lui avois rien promis; mais il me sera facile de renouer l'entretien... — Partez sur-le-champ, mon cher Stéphano, dit la marquise; gardons-nous que ce moyen nous échappe; sachez de lui le moment où il viendra au palais, afin que je me trouve dans l'appartement du marquis avec Luce : le reste me regarde. Stéphano savoit que celui qu'il cherchoit, se promenoit tous les soirs sous un bois d'orangers qui touchoit aux portes de la ville; il l'y avoit rencontré plusieurs fois. Il se hâte donc de s'y rendre; et à

ne

peine y étoit-il, qu'il le voit arriver. Il paroissoit rêver profondément, et jetoit de temps en temps les yeux sur un manuscrit dont il lisoit une ou deux phrases, puis le refermoit, et se mettoit à rêver.

Hurtado étoit d'une figure charmante, tout en lui peignoit la sensibilité, la candeur; son air étoit noble et aisé, sa démarche fière, mais son regard si doux, qu'un enfant l'eût abordé sans crainte; le feu du génie brilloit dans ses yeux; la sérénité de la vertu reposoit sur son front : il n'avoit pas encore atteint sa vingt-cinquième année, et déjà il avoit signalé son nom par des exploits dont le courage s'enorgueillit, sur-tout lorsque l'humanité n'a point à en gémir. Deux fois il avoit touché les côtes du nouveau continent; mais ses mains ne s'étoient pas rougies du sang d'un ennemi vaincu, ni souillées, en lui enlevant, par des tortures, ce métal que la nature offre si libéralement dans ces riches contrées. Il avoit étudié le caractère de ces hommes que l'on traitoit de brutes, et il avoit cru possible de les civiliser et de former, parmi eux, des établissemens utiles et honorables. Frappé de ces idées philantropiques, il les avoit rédigées, et cherchoit quelqu'un qui voulût les présenter au ministre. C'étoit ce manuscrit qu'il parcouroit, en réfléchissant s'il n'avoit rien omis de ce qui pouvoit assurer le succès d'un plan qui devoit épargner le sang, et augmenter la puissance de son pays, en lui donnant pour alliés tous les peuples de l'Amérique. Personne ne lui avoit paru plus propre à faire réussir ce projet, que le marquis de Miranda, dont il connoissoit la sagesse et la sensibilité, qui contrastoient avec l'orgueil et la dureté des Castillans.

Hurtado reconnoissant Borelli, l'aborda ; et après les premiers complimens d'usage, lui demanda s'il avoit parlé à Don Miranda, s'il pouvoit espérer lui être présenté ? — Je ne vous ai point répondu hier, reprit Stéphano, parce que je voulois réfléchir à ce qui pouvoit vous être plus utile, et j'ai pensé que ce qu'il y avoit de mieux à faire, étoit que vous me fissiez l'honneur de venir me voir demain matin. Comme le marquis a pour moi infiniment de bontés, nous descendrons chez lui à l'heure où il est dans sa bibliothèque ; je vous présenterai comme un homme curieux de la voir, sur la réputation qu'elle a d'être la plus considérable de Cordoue, et alors vous aurez l'occasion de lui parler. Je vous préviens qu'il a infiniment de prévention contre les conquérans du nouveau monde. — Je le sais, interrompit Hurtado; mais j'espère qu'il ne la conservera pas contre moi; et sans s'expliquer davantage avec Borelli, il le quitta en le remerciant de ses offres de services qu'il accepta avec reconnoissance: ils convinrent que le lendemain à dix heures du matin, il se rendroit au palais. Grand dieu! qu'il étoit loin d'imaginer que des témoignages d'intérêt pussent couvrir une aussi horrible trahison.

Stéphano retourna promptement rendre compte à la marquise du succès de ses desirs. —Demain, je l'amenerai à dix heures à la bibliothèque; vous pouvez facilement vous y trouver avec Luce; et je puis vous assurer que pour un cœur qui n'a rien aimé encore, il est presque certain qu'Hurtado ne doit pas être vu avec indifférence; c'est un des plus beaux hommes de l'armée; d'ailleurs, sa figure a l'expression sentimentale, propre à rendre l'idée qu'une jeune personne se fait d'un héros de roman, et graces à vos soins, la comparaison n'échappera pas à Dona Luce.

Hélas! il n'étoit que trop vrai que ces lectures avoient troublé la paix dont elle avoit joui jusqu'à ce moment; et son cœur avide d'éprouver ce sentiment dont elle voyoit sans cesse des peintures si touchantes, cherchoit par-tout à rencontrer le modèle de ces fictions. Mais la retenue dans laquelle Luce vivoit, ne lui en fournissoit pas l'occasion; d'ailleurs, son imagination lui peignoit cet objet sous des traits si parfaits qu'il eût été difficile, et on auroit pu dire presqu'impossible, qu'elle le rencontrât, si Hurtado n'avoit pas existé. La nuit encore qui précéda le jour qui devoit fixer sa malheureuse destinée, elle l'avoit presqu'entièrement passée à se demander pourquoi étant dans sa quinzième année, ayant le cœur aussi tendre que toutes les princesses dont elle lisoit les aventures, il se pouvoit qu'aucun paladin n'eût encore soupiré pour elle ; comment puis-je croire à ma vertu, puisque je n'en ai pas encore fait l'épreuve : ainsi, elle se désoloit d'être encore heureuse et tranquille. Ah ! ce calme ne devoit pas durer long-temps, l'heure du malheur alloit sonner pour elle; celle de sa mort seule pourra lui rendre le repos.

Cependant, Dona Miranda, dans sa cruelle prévoyance, n'oublie rien de tout ce qui peut assurer la réussite de ses atroces projets. Il faut que Luce voie Hurtado ; il faut qu'elle en soit aimée, que tout rende cette première entrevue décisive.

Luce est belle, mais la parure ajoute encore à l'éclat de ses charmes : cependant, aussi matin, il seroit difficile de trouver un prétexte pour que sa toilette fût aussi brillante que la marquise le desire ; elle en imagine un qui ne laisse aucun soupçon : elle a appris qu'un peintre, vénitien, venoit d'arriver à Cordoue, et depuis long-temps le marquis desiroit avoir le portrait de sa fille. Dona toujours attentive au plan qu'elle s'est tracé, et dont depuis cinq ans elle ne s'est pas départie un seul instant, va trouver son époux, et s'empresse de lui proposer de faire peindre Luce, dont les attraits, dit-elle, sont dans le plus grand éclat. Parler au marquis de la beauté de sa fille, lui donner le moyen d'avoir son image, est ce qui peut le flatter le plus : il accepte donc avec transport, ordonne, dès le soir même, qu'on aille chercher l'artiste, et convient que la première séance se donnera le lendemain matin. — Dans la bibliothèque, dit négligeamment la marquise. — Ou dans la galerie, reprit Don Miranda. — Dans la bibliothèque, je crois que le jour est meilleur; d'ailleurs, c'est l'heure où vous y êtes, et cela ne vous dérangera en rien. — Oh! ce n'est pas une raison, je me dérangerois bien volontiers pour voir peindre ma Luce; mais, je crois aussi que le jour est meilleur.

L'heure est donnée; avant dix heures le peintre doit se trouver à la bibliothèque, et Luce y paroîtra dans la plus brillante parure. Pauvre Hurtado, il ne falloit point tant de soins pour attaquer un cœur sans défiance; un regard de Luce suffisoit pour l'attacher à jamais. Mais, Dona Miranda ignoroit que les graces touchantes de l'innocence n'ont pas besoin des secours de l'art.

Luce suit sa belle-mère : après avoir reçu un tendre baiser de son père, elle va se placer sur un lit de repos ; elle offre, en rougissant, aux regards émerveillés du peintre, des traits que le pinceau le plus exercé ne pourra rendre qu'imparfaitement. Avec quel enthousiasme l'artiste admire des beautés que les plus belles statues grecques ne nous présentent pas dans une aussi grande perfection! Don Miranda jouit avec transport des éloges que le vénitien lui prodigue : Luce en est fort embarrassée. Dona Miranda, le sourire sur les lèvres et la rage dans le cœur, ne se console d'entendre célébrer tant d'attraits, que par la cruelle idée qu'ils seront la cause de la perte de sa victime.

Cependant, Stéphano entre suivi de celui qu'il doit présenter au marquis ; celui-ci étonné de voir un étranger, se lève, va au-devant de l'écuyer de sa femme, qui lui explique le sujet qui l'amène avec son ami ; il ajoute qu'il ne savoit pas que ces dames étoient avec lui, et qu'ils alloient se retirer. — Non, reprit Miranda, Dona permettra : je suis trop flatté que ma bibliothèque puisse intéresser la curiosité de mes compatriotes : alors, Borelli nomma Hurtado, au marquis, qui s'excusa, auprès de lui, de ne pouvoir lui en faire les honneurs ; car, lui dit-il, je suis trop occupé d'une séance qui me procurera un grand plaisir, puisque j'aurai, par le plus habile peintre de l'Italie, le portrait de ma chère Luce. En vain, les mots que proféroit Miranda arrivoient jusqu'aux oreilles d'Hurtado ; il n'entendoit rien, toute son ame avoit passé dans ses yeux, et frappé de la beauté de

Luce, il croit être transporté dans une autre région ; rien dans celle qu'il avoit habitée jusqu'alors, quoiqu'il l'eût parcourue presqu'entièrement, ne pouvoit lui être comparée. Un feu plus rapide que l'éclair pénètre ses veines ; il tremble, il chancelle; il veut parler, la parole expire sur ses lèvres ; il voudroit, il n'ose se jeter aux pieds de Luce ; mais, déjà il frémit qu'on n'apperçoive son trouble ; il fuiroit pour le dérober à tous les yeux ; mais en fuyant, il cesseroit de voir Luce. Borelli démêle tout ce qui se passe dans son ame ; il en jouit, et d'un coup-d'œil, il s'en applaudit avec la marquise, qui n'étoit pas moins attentive à épier ce qu'éprouvoit sa belle-fille : celle-ci croyoit qu'un songe l'abusoit, et réalisoit la chimère que son imagination lui avoit offert tant de fois; c'est Gonsalve, c'est Rodrigue, c'est Alphonse, ou plutôt, c'est un héros qui réunit en lui toutes les graces que les poëtes donnent à chacun de ces paladins. Confuse, elle baisse les yeux, couvre de son voile ses charmes naissans, que l'artiste cherchoit à fixer sur la toile; car, le premier symptôme de l'amour est d'augmenter la pudeur. Elle n'osé lever les yeux, elle craint de rencontrer ceux d'Hurtado, qui, ne voulant point être pénétré, fait un effort sur lui-même; et se hâtant de présenter à Don Miranda son manuscrit, pense qu'il détournera ainsi l'attention. Le marquis l'accepta, et lui demanda ce qu'il contenoit? — Lisez-le, seigneur, répond modestement Hurtado; peut-être y trouverez-vous quelques vues qui se rapprochent des vôtres. Si vous m'accordez votre approbation, je la mettrai au-dessus de toutes celles que je pourrois obtenir. Je n'avois pas voulu dire à Borelli que j'avois le projet de vous offrir ce fruit de mes réflexions ; je craignois qu'il ne blâmat ma témérité ; moi-même, je sens qu'elle est extrême : mais, lorsqu'il s'agit de l'humanité, je crois qu'il ne faut rien négliger. Tandis qu'il parloit, Miranda jetoit les yeux sur le mémoire d'Hurtado, ce qui donna à nos amans, car déjà ils l'étoient, tout le temps de se remettre. Quand le marquis eut parcouru quelques pages, il dit à Sébastien : —Ceci demande une grande attention ; mais quelque soit votre plan, il vous honorera toujours aux yeux des hommes sensibles, puisqu'il me paroît reposer sur des bases, hélas ! trop méconnues de nos jours : en s'en écartant, on a fait couler des flots de sang, qui retomberont un jour sur nos têtes. Revenez demain, je ne quitterai point votre mémoire que je ne l'aye lu en entier. Cependant,

Borelli stupéfait d'avoir été trompé par Hurtado, se promit de s'en venger, et de trouver le moyen de détruire l'opinion avantageuse que ce mémoire auroit pu faire sur l'esprit de Miranda, qui engagea Hurtado de rester pendant la séance, et fit apporter le chocolat. De son côté, la marquise examinant le jeune homme, le trouvoit si beau, qu'elle se reprochoit de le sacrifier. Hurtado, rassuré par l'accueil amical qu'il recevoit du père de Luce, se trouva plus à l'aise, et mit dans la conversation une grace, une douceur, une modestie qui achevèrent de lui enchaîner le cœur de mademoiselle Miranda, à qui son père adressa souvent la parole pour lui donner occasion de faire briller l'esprit qu'elle tenoit de la nature, et qu'une éducation soignée avoit encore développé. Le son de sa voix pénétroit jusqu'au fond du cœur de son amant, et ce couple que l'amour avoit formé l'un pour l'autre, sans s'être avoué tout ce qu'ils éprouvoient, ne se quittèrent cependant pas, sans être certain qu'ils avoient su se plaire; mais sans aucun projet, car l'espérance peut seule en former. Eh! qu'ils étoient loin l'un et l'autre d'en avoir! Le peintre seul avoit infiniment gagné à la visite d'Hurtado; la physionomie de son modèle s'étoit animée par la douce émotion de son cœur; les roses de son teint étoient devenues plus vives, et il s'échappoit de ses longues paupières baissées, des traits de flamme que l'habile artiste cherchoit à fixer sur la toile. Don Miranda étoit enchanté de voir les progrès que ce tableau avoit fait en si peu de momens, et se promettoit de mettre la plus grande générosité avec celui qui savoit si parfaitement saisir les beautés de sa chère fille. La marquise, malgré l'art profond de sa dissimulation, avoit peine à cacher les différens sentimens qu'elle éprouvoit; elle étoit prête à abandonner ses projets et à chercher les moyens de s'attacher Hurtado. Mais, a-t-il jeté seulement un coup-d'œil sur elle; tandis que ses regards cherchoient sans cesse ceux de sa belle-fille. Il l'aime, se disoit-elle, et ne pense pas seulement si j'existe.... Que falloit-il plus pour lui rendre tous ses desirs de vengeance.

Stéphano sort avec celui qui le croit son ami. Il le reconduit, et attend que Sébastien lui parle de Luce; mais l'amour, dès qu'il prend un violent empire dans une ame, s'y fortifie à l'ombre du mystère : on parle sans contrainte d'un goût passager; mais convenir avec un étranger d'une passion véritable, est presqu'aussi difficile que de l'avouer à l'objet qui l'inspire. Hurtado loua les vertus du père de Luce, le choix de sa bibliothèque, la magnificence de son palais ; pas un seul mot de celle qu'il n'aime que depuis un instant, mais pour toute la vie. Le fourbe Stéphano qui veut le forcer à le mettre dans sa confidence, est réduit à être le premier à en parler. Hurtado ne répond que par quelques mots ; il craint de se trahir : sa réserve désespère Borelli. —Avec quelle froideur vous parlez de Mlle. Miranda ! vous êtes le premier homme que j'aie vu insensible à ses charmes ! — Insensible ! ah ! qui pourroit l'être ! — Je l'aurois cru, et je ne doutois pas, d'après votre silence, que vous n'aimiez une autre personne, ce qui vous rend si indifférent à la beauté de Luce...... : vous aimez, convenez-en ! —Oui, j'aime ; j'aime avec fureur. — Et pourroit-on savoir quel est l'objet qui vous enchaîne ? — Plutôt mourir que de révéler ce secret. — Et vous êtes aimé ? — Aimé ! ah ! si je croyois seulement qu'il me fût permis d'adorer en silence ce chef-d'œuvre de la nature, je m'estimerois le plus heureux des hommes. — Cet objet si parfait est-il libre, ou un odieux époux le tient-il enchaîné ? — Comment, Borelli, pouvez-vous imaginer que j'aimasse une femme qui ne pourroit répondre à mon amour, qu'en violant le plus saint des devoirs : grace au ciel, mon cœur est exempt de crimes, et s'il me condamne à aimer sans espoir, au moins est-ce sans remords. — Mais, qui donc vous ôte la hardiesse de déclarer vos sentimens ? — La connoissance du peu que je vaux. Sans éclat du côté de la naissance, n'étant que simple gentil-homme, sans fortune, et n'ayant rien fait encore pour la gloire, comment oserois-je me permettre de présenter des vœux si peu dignes de celle à qui je les adresserois. — Mais, si vous étiez aimé; si seulement cette fière beauté vous avoit regardé avec autant de bienveillance que Luce, je ne vois pas pourquoi vous ne pourriez pas risquer un aveu? — Luce, dites-vous, m'a regardé avec bienveillance! — Oui, beaucoup; peu importe, puisque vous en aimez une autre...... Adieu, Hurtado; voilà l'heure où il faut que j'accompagne Dona Miranda et sa fille à l'église; les devoirs envers la divinité vont avant tout. Et il le quitta, le laissant dans un trouble inexprimable.

Hurtado en avoit trop dit et pas assez; il avoit avoué qu'il aimoit, et n'avoit pas nommé l'objet de son amour. Si Stéphano le dit à Luce, Luce qu'il lui a assuré l'avoir vu avec bienveillance, que pensera-t-elle. Ah! il falloit entièrement se taire ou profiter de l'intérêt que Borelli lui marquoit. Il marche sans dessein ; son agitation ne peut se concevoir, et n'ayant plus d'autres desirs que d'entrevoir celle qu'il adore, il se rend à l'église où Borelli lui a dit qu'elle alloit venir.

La majesté du lieu ne peut mettre un frein à la passion qui le consume : c'est Luce qu'il adore dans le Dieu que les chrétiens revèrent. Il la voit entrer, un voile cache ses attraits ; mais en est-il qui les dérobe à un amant : d'ailleurs, ne laisse-t-il pas appercevoir cette taille si belle, ce pied que le chantre de l'amour eût préféré à celui de Julie.

Le cortège qui environne la marquise le gêne, et l'empêche de s'approcher de sa bien-aimée : il seroit si heureux, s'il pouvoit être auprès d'elle, oser lui dire qu'il l'aime, empêcher qu'elle ne croie, par le récit que Borelli lui aura fait, qu'une autre occupe son cœur, sur lequel elle règne pour jamais. Il fend la presse, et enveloppé dans son manteau, il approche de Luce, dont les yeux levés vers le ciel, sembloient un ange, implorant pour les simples mortels les bienfaits de la Divinité. Dona Miranda qui avoit vu Hurtado, se garda bien d'empêcher qu'il ne manquât l'occasion d'expliquer ses sentimens: récitant avec une apparente attention, les prières qu'une sainte routine met dans les mains de tous les Espagnols, elle n'en paroissoit faire aucune à sa belle-fille. Hurtado qui voit que personne n'a les yeux sur lui, car Borelli, dès en arrivant, s'étoit prosterné le visage contre terre, ose adresser à Luce ces mots qu'il articule à peine. — O ! qu'il seroit heureux, Mlle., le mortel pour qui vous pririez avec tant de ferveur ! — Heureux, répondit Luce qui le reconnut à l'instant, heureux ! et qui peut l'être dans cette patrie étrangère : c'est-là, montrant le ciel, c'est-là seulement qu'on peut prétendre à la félicité. — Ah ! je sens bien que je n'envierois point celle, reprit avec feu Hurtado, qu'on nous promet dans une autre vie, si je pouvois un instant, un seul instant, mériter de vous intéresser, si une seule pensée de Luce pouvoit être pour moi.... Mais, je m'égare; l'astre brillant qui nous éclaire peut recevoir les hommages de l'admiration qu'il nous inspire ; mais trop élevé au-dessus de nous, comment pourroit-il nous distinguer ? — Il me paroît, reprit Luce en souriant, que vous n'êtes pas tout à fait aussi loin de moi que nous le sommes du soleil. L'office va finir, prenez-garde que ma belle-mère ne s'apperçoive que vous m'avez parlé. — Mais demain pourrois-je venir dans cette même place ? pourrois-je espérer vous voir ? — Je ne puis vous empêcher de venir participer aux prières des chrétiens, et croyez que je ne vous oublierai pas dans les miennes. Un mouvement que fit la marquise, fit trembler Hurtado, qui s'éloigna avec précipitation, sans perdre de vue sa chère Luce : elle avoit paru recevoir, sans colère, son hommage, c'étoit beaucoup pour un amant. Mais, quand il pensoit à tout ce qui lui défendoit de prétendre à l'honneur de sa main, il étoit au désespoir.

Cependant, Luce jouissoit avec orgueil d'avoir, enfin, inspiré de l'amour ; bien déterminée à n'y pas répondre, elle repassoit dans son esprit la manière dont se conduisoient les dames avec leurs chevaliers, pour ne faire rien de plus, ni de moins ; mais, toutes avoient une confidente, et elle n'en avoit point, ce qui ne paroissoit pas de la dignité d'une héroïne. Où la trouvera-t-elle, cette confidente ! comment s'assurera-t-elle de sa fidélité? La marquise y pourvoira.

Déjà depuis huit jours nos amans se voyoient, soit au sacrifice du matin, soit à la prière du soir ; mais ils n'osoient se dire quelques mots. Dona Miranda pensa qu'elle ne pouvoit confier à personne, avec plus de sûreté, la conduite de cette intrigue, qu'à Thérésia, et elle proposa au marquis de la placer auprès de sa belle-fille.

C'est, lui dit-elle, une femme d'une grande prudence ; et lorsque ma santé ne me permettra pas d'accompagner Luce à l'église, au moins je pourrai être tranquille avec une personne d'une aussi rare vertu, et que rien ne peut corrompre. Le marquis qui n'avoit nulle raison de se méfier de sa femme, consentit à tout ce qu'elle voulut. Quand Luce se vit changer de duegne, elle en éprouva le plus violent chagrin ; et quoiqu'elle n'eût pas encore osé parler à la sienne d'Hurtado, elle s'imaginoit qu'elle l'auroit pu avec bien moins de risque qu'à une femme qui, ayant été attachée à sa belle-mère, devoit lui être entièrement dévouée; elle imagina même que l'on avoit quelque soupçon de l'amour d'Hurtado, et que c'étoit ce qui avoit engagé à mettre auprès d'elle une femme plus surveillante.

Cependant, Sébastien se rendit aux ordres de Don Miranda qui n'avoit pu lire sans le plus vif intérêt son mémoire : il ne lui laissa pas ignorer combien l'auteur étoit fait pour mériter l'estime des hommes sensibles ; mais qu'il y avoit peu d'espérance d'amener la cour à des vues aussi sages ; que le gouvernement, en abandonnant à l'avidité des aventuriers les nouvelles découvertes, se débarrassoit de tous soins, et pourvu qu'on lui payât son droit sur les mines, s'embarrassoit peu que ces malheureuses contrées devinssent incultes et désertes; que cependant, il en parleroit au ministre ; mais qu'il l'engageoit, s'il n'étoit pas entendu de ces hommes avides, que l'ambition et la soif de l'or occupoient uniquement, de renoncer à ces expéditions qui affligeoient l'humanité, dès qu'on ne pouvoit parvenir à changer le barbare systême qu'on avoit suivi jusqu'à ce jour. Hurtado à qui son amour pour Luce ôtoit le desir de quitter l'Espagne, promit sans difficulté au marquis de se conduire entièrement par ses avis, son respect et sa vénération pour lui étant au suprême dégré. Il quitta Miranda, pénétré de ses bontés, mais avec le chagrin très-vif de n'avoir pas apperçu Luce. Il espéroit s'en dédommager à la prière du soir. Dona Miranda feignant d'être incommodée, dit qu'elle n'iroit point, au grand regret de Luce. Mais sa belle-mère reprit aussitôt: vous avez à présent une Duegne si respectable, que vous pouvez aller avec elle et Don Stéphano.... Luce y consentit, sans aucun espoir que ce terrible argus voulût la laisser parler à son amant.

A peine arrivée à l'église elle l'apperçoit; son cœur battit, et elle auroit donné tout au monde pour pouvoir lui faire entendre de ne pas risquer de lui parler ; mais elle n'avoit aucun moyen. Notre amant, au contraire, rassuré en voyant sa maîtresse avec une suite beaucoup moins nombreuse, se hâte de s'approcher d'elle; et à peine lui avoit-il dit quelques mots, que Dona Théresia tire Luce par le bord de sa mante, et lui faisant une mine très-sévère, ne lui laisse pas la force de lui répondre. — Quel est c cavalier, dit la vieille en grumelan entre ses dents, assez osé pour venir vous parler ?-C'est Don Hurtado, reprit Luce, qui est connu de mon père ; je ne vois pas ce qu'il y a de mal à m'entretenir avec lui. — Ce qu'il y a de mal ; tout, Dona : premièrement vous êtes ici dans la maison du seigneur, où vous ne devez être occupée que de Dieu et de ses saints, et nullement d ses créatures ; d'ailleurs, seriez-vous à la promenade ou au bal, je ne souffrirai jamais qu'aucun homme ait l'audace de vous dire un seul mot en ma présence.... entendez-vous, Signora. Je vois bien que cela vous contrarie, que vous me regardez avec colère ; mais j'aime mieux mériter votre estime que votre amitié : je n'ai pas acquis depuis trente ans la réputation d'être la duegne la plus sévère, pour la perdre par une lâche complaisance... Oui, je vous le dis à vous-même, signor cavaliero, si vous ne vous retirez pas à l'instant, je vais faire sortir Dona Luce. — Je n'avois rien de particulier, reprit avec assez de sang froid Hurtado, à dire à Dona ; je m'informois seulement des nouvelles de la marquise de Miranda, que j'étois étonné de ne pas voir ici. — C'étoit à moi qu'il falloit vous adresser, et non pas à cette colombe, pour qui les paroles des hommes sont plus dangereuses que les ongles des vautours. — Je n'avois pas l'avantage de vous connoître. — Il n'étoit pas difficile d'imaginer que je remplissois, près de Dona Luce, les respectables fonctions de duegne; mais si ce n'est que des nouvelles de la marquise que vous voulez savoir, elle est malade. — Malade! j'en suis fort affligé; et le marquis? — Il se porte bien; mais vous allez, à ce qu'il me paroît, me demander des nouvelles de toute la famille, jusqu'au petit chien; tout cela prétexte pour rester là, et tout en me parlant, lancer un coup-d'œil, surprendre, interpréter un soupir; je connois ces ruses, et comme je ne suis pas d'humeur complaisante, comme presque toutes mes compagnes, j'aime bien mieux ne pas exposer ma chère pupille à ce danger, et rentrer au palais où elle s'unira de cœur avec les fidèles. — Mais, Dona Thérésia, reprit Luce, je ne vois pas de quel droit vous voulez me faire sortir de l'église? — Par celui que vos parens m'ont confié.... Sortons sur-le-champ. — Luce auroit bien voulu rester; elle craignit un éclat, et elle se décida à suivre l'impitoyable duegne; mais elle jeta un coup-d'œil si triste et en même temps si tendre à son cher Hurtado, qu'il ne lui fut pas possible de douter qu'il étoit aimé. A quoi servira ce bonheur, s'il ne doit jamais revoir Luce; si l'impitoyable duegne rend compte à la marquise de la témérité qu'il a eue de vouloir entretenir sa belle-fille. Si le marquis en est instruit, il m'interdira l'entrée de son palais. Que je suis malheureux d'avoir vu Luce, se disoit-il; et son cœur étoit oppressé de la plus vive douleur. Celle de Luce n'étoit pas moins forte ; elle se voyoit privée du seul moyen de rencontrer Hurtado. Ah ! voilà, se disoit-elle, le commencement des épreuves de l'amour : c'est ainsi que Chimène, Iseulte aux blanches mains, et la belle Rosemonde ont souffert ; mais elles ont fini par être heureuses, et moi je ne le serai jamais. Elle avoit bien lu que les princesses trompoient ou gagnoient leurs argus ; mais elle ne s'en sentoit pas l'adresse : d'ailleurs, il n'y en avoit jamais eu d'aussi farouche que Théresia.

Ce fut dans ces tristes pensées qu'elle passa toute la soirée, n'ayant pas voulu paroître chez sa belle-mère, dont elle ne doutoit pas qu'elle seroit aussi grondée. Elle s'enferma dans son oratoire, où elle prioit le Dieu de son cœur de venir à son aide. Quand tout fut profondément endormi dans le palais, Théresia vint doucement frapper à la porte de Luce, et la pria du ton le plus doux, de venir se coucher. —Non, disoit Luce, non, je ne veux voir personne, et vous moins qu'une autre; vous m'avez fait un affront si sanglant, en me faisant sortir de l'église, avant que l'office fût fini, que je ne vous le pardonnerai jamais. — Non seulement vous me le pardonnerez; mais même vous m'en remercierez. — Je voudrois bien voir comment vous pourriez me le prouver! — Ouvrez, et vous allez le savoir. —Moitié par curiosité, moitié par besoin de parler d'Hurtado, Luce se laissa vaincre, et fit entrer Théresia qui la serra tendrement dans ses bras, malgré les efforts que Luce faisoit pour se dérober à ses fausses caresses. —O! ma chère, vous ne me connnoissez pas; vous ne savez pas que mon cœur est tendre et compatissant; que je ferois tout au monde pour vous rendre service ; que rien ne m'intéresse aussi vivement que deux amans malheureux ; que je n'ai pu voir un instant le vôtre, sans être touchée du desir de vous rendre heureux.—Don Hurtado n'est point mon amant. —Il l'est, mon enfant, et un amant chéri.......; et je ne puis blâmer votre choix, c'est le plus bel homme que j'aie vu: d'ailleurs, je me suis informée de sa conduite, elle répond à son extérieur; sa maison, quoique moins illustre que la vôtre, est très-ancienne; il peut prétendre à tout : ainsi, je ne vois pas qui pourroit empêcher que vous fussiez unis ; mais, comme je connois le projet de votre père, qui vous destine à un autre, ce ne sera qu'avec une extrême difficulté que vous parviendrez à le décider en faveur de votre amant; mais, sur-tout, gardez-vous bien de faire aucune démarche imprudente qui vous perdroit : voilà pourquoi j'ai mis une si grande sévérité apparente, afin qu'il soit impossible que l'on pût imaginer que je voulusse vous prêter des secours que l'honneur ne peut désavouer, puisque vous ne voudrez jamais rien qui l'offense, et que de légitimes nœuds sont le but de vos desirs. Luce écoutoit Théresia avec un étonnement extrême ; elle craignoit qu'elle ne voulût la tromper ; elle ne concevoit point d'où pouvoit lui venir tant de pitié pour elle et pour Hurtado; elle qu'elle croyoit absolument dévouée aux volontés de Dona Miranda. — La vieille démêla ses plus secrettes pensées, et pour lui donner plus de confiance, elle ajouta : — Vous ignorez que je prends au seigneur Hurtado le plus vif intérêt ; son père étoit l'intime ami du mien ; il lui avoit sauvé la vie à l'attaque de Grenade, et la mort seule a pu rompre les liens d'une amitié si tendre ; jugez si son fils peut m'être indifférent. Reposez-vous donc entièrement sur moi des soins de votre amour; je veux en supporter seule les peines, et que vous n'en ayez que les plaisirs.

Luce enchantée de tout ce qu'elle entendoit, se précipite dans les bras de Théresia, l'appelle sa seconde mère, la supplie de la guider, de la conduire, lui jure une reconnoissance éternelle : ainsi, la douce brebis se confie au loup dévorant qui se revêt de la peau de son gardien fidèle. Cette ame atroce et vénale n'est point touchée de la candeur, de la confiance de cet enfant ; et calculant avec une cruauté inouie tout ce qu'elle peut espérer de ses ruses, elle ne cherche plus qu'à en presser l'effet :

elle promet à Luce que dès l'aurore elle fera savoir à Hurtado ce qu'il peut prétendre. Dona Luce craint une démarche qui, non-seulement peut la compromettre, mais qui lui semble opposée à la modeste retenue qui convient à son sexe. Théresia assure qu'il n'y a pas un moment à perdre; que le marquis attend celui à qui il doit la marier, d'ici à très-peu de jours; et lui peignant ce personnage imaginaire sous les couleurs les plus bizarres, elle effraie tellement sa pupille, qu'il n'y a rien qu'elle ne fît pour éviter le malheur d'être sa femme, quand même elle n'en eût pas aimé un autre. La nuit s'étoit passée presqu'entière à s'entretenir des projets que la vieille présentoit comme très-faciles; et il fallut qu'elle engageât la pauvre petite à se reposer, sans cela le jour l'auroit surpris en parlant encore.

Théresia ayant rendu compte à la marquise de tout ce qui s'étoit passé, envoya un de ses agens chez Hurtado, pour lui dire de se trouver, au coucher du soleil, dans l'église des Ursulines. Etonné de ce rendez-vous, et bien éloigné de se douter qu'il pût avoir aucun rapport au seul sentiment qui l'occupa, il hésite de s'y rendre; que peut-on lui vouloir ? D'un autre côté, passera-t-il pour craindre quelques dangers, en évitant un rendez-vous ? La curiosité le décide, et il prend le chemin du couvent des Ursulines. A peine est-il entré dans l'église, qu'une femme enveloppée dans une cape, lui fait signe de la suivre sous une voûte où se trouvoit un escalier qui descendoit dans l'église souterraine; une simple lampe l'éclairoit. Son guide ouvre une porte qui donnoit dans un cloître; là, cette femme dont il ne connoissoit pas la voix, lui dit de l'attendre : il ne doute pas alors qu'il a eu le malheur de plaire à quelqu'une des vierges consacrées au service de Dieu, et très-embarrassé de cet honneur qu'il n'avoit pas desiré, il cherchoit les moyens de s'y soustraire; mais celle qui l'avoit mené dans ce lieu solitaire, en avoit refermé soigneusement les portes. La lune éclairoit ce vaste édifice, et le plus profond silence régnoit autour de lui; plus de deux heures se passèrent sans que rien l'interrompît. Enfin, il entendit, dans ce cloître, descendre l'escalier, et vit rentrer la même femme qui l'avoit conduit; elle tenoit à la main une lanterne sourde; elle lui fait encore signe de la suivre; il avoit un si grand desir de voir la fin de cette singulière aventure, qu'il obéit. Il traversa des caveaux où reposoient les cendres des guerriers Castillans, et dont les épitaphes qu'il lisoit à la lueur de la lanterne que portoit cette femme, lui apprenoit les noms : cette lugubre avenue lui paroissoit un triste présage de ce qui pouvoit l'attendre. Cependant, il marchoit sans crainte et sans espoir ; il arrive, enfin, au pied d'une tour, dans l'épaisseur de laquelle on avoit construit des degrès, que le temps avoit presqu'entièrement détruits ; ils parviennent à les franchir, et la porte que sa conductrice ouvre, le fait entrer dans un vaste jardin qu'ils traversèrent en silence : puis, s'approchant d'un mur, il trouve une échelle de corde. Alors, celle qui l'avoit amené lui dit : montez, vous en trouverez une autre pour descendre, et quelqu'un pour vous conduire où vous êtes attendu : moi, je serai ici dans deux heures, pour vous faire ressortir par le même chemin qui vous a amené ; et elle reprit celui de la tour.

Hurtado réfléchit un instant; mais ne voyant aucun moyen pour sortir de ce vaste enclos, il se décide, monte, et en effet une autre échelle l'attendoit, avec le secours de laquelle il descend, et se trouve dans un parc immense. Il croit entendre des voix de femmes; il croit en reconnoître une qui lui est bien chère; mais, comment se flatter d'un semblable bonheur; bientôt il n'en doute plus, il apperçoit Luce et sa duegne qui vint à lui, et lui dit: convenez que vous n'auriez pas cru que celle qui ne vous a pas permis hier de dire un seul mot à Dona Luce, vous procureroit cette nuit le bonheur de la voir sans contrainte. Hurtado, ivre de joie, ne savoit s'il veilloit; son premier soin, avant de répondre à Théresia, fut de se jeter aux pieds de Luce, de couvrir des baisers les plus ardens la main qu'elle lui tendoit avec une candeur ingénue. Luce, hors d'elle-même, tremblante d'une démarche que la vertu désavouoit, sentoit plus de honte que de plaisir de voir son amant : mais Théresia eut bientôt dissipé ses scrupules ; elle raconta à Hurtado tout ce qu'elle avoit dit la veille à sa pupille, et tirant de sa poche une promesse de mariage en bonne forme, elle la présenta à Hurtado pour la signer, disant que sans cette formalité, elle ne pourroit, en conscience servir son amour. Hurtado qui, deux heures avant, ne soupçonnoit pas même la possibilité d'être uni à Luce, n'hésita pas ; et sans réfléchir à tout ce que la conduite de cette vieille femme avoit de bisarre, il signa l'acte qui l'enchaînoit à Luce. Celle-ci, en rougissant, lui en remet un pareil. Hélas! la pauvre enfant étoit loin de sentir la conséquence d'une semblable démarche, et la faute énorme qu'elle commettoit envers le plus digne et le plus tendre des pères, qui lui auroit donné avec joie l'époux qu'elle osoit prendre sans son aveu, si elle avoit eu en lui la confiance qu'il méritoit : mais les méchans l'entouroient de pièges; son imagination avoit été troublée par ses fatales lectures. Quelle pouvoit être pour elle l'issue d'une démarche aussi hasardeuse? Étoit-ce en offensant ce père, dont elle n'avoit reçu jusqu'à ce moment que des témoignages de tendresse, qu'elle pouvoit le décider en faveur de l'homme qui l'auroit outragé. Hurtado, l'honnête, le vertueux Hurtado sentoit bien au fond de son cœur que ce procédé blessoit les loix de l'honneur; mais il étoit passionnément amoureux, mais on venoit au-devant de lui, on lui faisoit entrevoir que Luce étoit au moment de lui échapper par un mariage que le père desiroit; pouvoit-il donc refuser de signer un engagement où il ne voyoit que le bonheur de sa vie. Quel est le jeune homme fortement épris qui eût pu résister à ce piège ! D'ailleurs, pouvoit-il avoir aucun doute de la candeur de Luce : la vertu étoit peinte sur son front, la vérité présidoit à ses moindres discours ; on pouvoit l'égarer et non la corrompre.

Les deux heures que la duegne leur donna ne parurent qu'une minute à ce couple idolâtre l'un de l'autre. Est-il rien de comparable à ces premiers momens où l'amour est parée des roses de l'innocence, où l'idée de s'écarter un instant de la plus sévère retenue n'entre pas même dans l'esprit de celui qui est assez heureux pour être sûr d'être aimé, sans qu'aucun sacrifice soit nécessaire pour le lui prouver! Ah! si l'amour étoit toujours ce qu'il est après l'instant qui en suit l'aveu, le sort des mortels seroit au-dessus de celui des Dieux : ce sont les plaisirs qui en détruisent la volupté, cette volupté de l'ame qui n'existe qu'un moment, mais dont le souvenir embelliroit un siècle de douleur. —Retournez, dit enfin la duegne, il en est temps, les échelles sont restées à leur place; vous trouverez la même personne qui vous a conduit ici. — Mais, quel est, dit Hurtado, cet être bienfaisant? — C'est ma sœur, reprit Théresia, qui est religieuse portière des Ursulines; tous les soirs elle vous amenera de même; la seule chose désagréable, c'est que vous serez forcé de rester dans l'ancien cloître pendant les matines:

c'est impossible autrement, pour éviter que vous ne soyez apperçu des autres religieuses. — Ah! ces momens d'attente, dit Hurtado, me seront à présent bien doux! et il se sépara de sa chère Luce, enivré d'amour et de reconnoissance pour le monstre qui couvroit de fleurs le précipice où elle vouloit l'entraîner.

Quand la fille de Miranda fut rentrée dans son appartement; quand le repos qui suit toujours les grandes agitations, lui eut donné la liberté de réfléchir, elle ne put s'empêcher de se demander comment elle oseroit aborder son père; ce père dont les bontés l'avoient jusqu'alors rendue si heureuse. Vingt fois elle fit le projet de se jeter à ses pieds, de lui avouer sa fatale passion; mais l'effroi d'être repoussée, d'être contrainte d'épouser celui qu'elle croyoit qu'il lui destinoit, et de devenir parjure à l'amant qu'elle adoroit, ne lui en laissoit pas le courage : c'étoit cette persuasion qui avoit décidé sa cruelle ennemie à l'entraîner tout à coup dans une faute si grave, qu'elle ne pourroit trouver aucun moyen de la réparer. Si, cependant, elle avoit eu une amie fidelle ; si elle avoit eu un guide éclairé, rien n'étoit encore désespéré : l'ame de Don Miranda étoit si sensible, si belle, qu'un aveu eût été suivi du pardon ; et qu'ayant mieux connu qu'un autre le pouvoir de la passion qui avoit égaré ces amans, il se seroit trouvé heureux de les unir ; mais, alors, que seroient devenus les projets barbares de la marquise, qu'elle étoit loin d'avoir conduits au terme où elle vouloit arriver. L'instant où Luce fut obligée de descendre chez son père, fut pour elle le plus grand supplice; ses douces caresses la faisoient frissonner de crainte. Il lui sembloit qu'il alloit lire sa faute dans ce cœur qui, jusqu'à ce moment lui avoit toujours été ouvert ; elle auroit voulu qu'il l'eût traitée avec la rigueur qu'elle méritoit ; elle auroit voulu qu'il lui eût présenté cet époux odieux dont on l'avoit menacé, pour avoir au moins un prétexte de braver une autorité dont elle n'avoit jamais ressenti que les bienfaits. Le marquis alarmé de l'état où ses remords la plongeoient, ne lui en témoignoit que plus de tendresse. — O ! ma Luce, lui disoit-il, je ne vis que pour toi, toi seule me console de la perte d'une épouse adorée ; tu es sa vive image; mais comme elle, tu deviens languissante. Ah ! si j'étois destiné au malheur de te survivre, mes jours seroient bientôt finis. — Luce ne répondoit que par

ses

ses larmes ; elle se pressoit contre son sein, et son fatal secret expiroit sur ses lèvres. Théresia employoit ses perfides soins pour étouffer tous les sentimens de la nature, et pour éloigner Luce de son père : si elle n'y parvenoit pas, au moins augmentoit-elle l'empire de l'amour.

Hurtado n'étoit pas plus content de lui-même ; mais au moins il pouvoit, en ne reparoissant pas aux yeux du marquis, se délivrer du tourment affreux de recevoir des témoignages d'estime de celui qu'il offensoit mortellement, et ce fut le premier parti où il s'arrêta : puis, réfléchissant qu'en gagnant la bienveillance du père de Luce, ce pourroit être un moyen de mériter la main de sa fille, il pensoit qu'il feroit mieux de retourner au palais ; qu'alors, en laissant ignorer à Don Miranda qu'elle avoit disposé d'elle sans sa volonté, il n'auroit point à pardonner un tort qu'il ignoreroit. Cependant, il fut plusieurs jours sans oser se présenter chez lui; chaque nuit il oublioit dans les yeux de Luce tout ce qu'il se reprochoit le jour.

Le marquis, que l'amour de l'humanité occupoit sans cesse, avoit demandé une audience particulière au ministre; il lui avoit lu un extrait du mémoire d'Hurtado, et avoit obtenu de lui présenter cet intéressant jeune homme. Etonné de ne pas le voir revenir, il en parla à Borelli, en le chargeant de l'engager à diner le lendemain avec sa famille. Stéphano se rend chez Hurtado qui étoit loin de soupçonner ce perfide ami d'être instruit de tout ce qui se passoit dans le parc; il se plaignit qu'Hurtado le négligeoit. Je ne suis pas le seul qui s'en apperçoive, et Don Miranda est aussi fort étonné de ne point vous avoir vu depuis plus de trois semaines ; il m'a chargé de vous le dire, et de vous inviter à dîner demain avec sa famille.-Qu'on se peigne tout ce qui se passa à cet instant dans l'ame d'Hurtado. Revoir le marquis ; recevoir de lui une marque si sensible de bonté ; se trouver avec Luce en présence de son père, lui paroissoit impossible. Cependant, quel prétexte pour refuser cet honneur que, quelques jours avant, il eût acheté au prix de son sang ? Ne sachant que répondre, il auroit voulu que la terre l'engloutit. Le traître Borelli jouissoit de son trouble, il en connoissoit la cause ; et le pressant enfin de s'expliquer, Hurtado fut forcé de promettre sans savoir s'il auroit le courage de tenir sa promesse. Après avoir passé la journée la plus agitée, où vingt fois il changea de résolution, il se rendit à l'église des Ursulines, où la très-complaisante portière l'attendoit ; mais, au lieu de le conduire comme elle avoit coutume, elle lui remit un billet et se retira. Hurtado l'ouvre en tremblant ; il étoit d'une écriture inconnue, et conçu en ces termes :

Billet de la duegne, à Hurtado.

« Impossible qu'on vous voye ce » soir ; une fièvre ardente, du » délire ; on ne pourra quitter le » lit, et la décence ne permet » pas...... Vous avez dû être in» vité à dîner pour demain..... » Venez, vous aurez des nouvelles, » car il n'y a pas à espérer qu'on » puisse descendre dans le grand » appartement.......... Brûlez ce » billet ».

Hurtado resta abîmé dans la plus profonde douleur, menacé de perdre celle qu'il adoroit. La persuasion que le chagrin d'une fausse démarche avoit seule été cause de cette maladie si prompte, et qui s'annonçoit avec des caractères si dangereux, le mettoit au désespoir. Il se prosterne aux pieds de l'autel; il invoque le Dieu de toute bonté pour le rétablissement de sa bien-aimée; et tout entier au chagrin qui le dévore, il oublioit que l'heure de fermer l'église étoit arrivée. Le sacristain vint l'en avertir, et il se retira chez lui, où il passa la nuit entière sans que le sommeil vînt calmer son désespoir. Il n'osoit se présenter au palais avant l'heure du dîner; il ne devoit pas être instruit du danger de Luce; il trembloit d'apprendre la confirmation du malheur dont la seule idée le faisoit frémir.

Il n'étoit que trop vrai que le chagrin avoit tout à coup produit sur Dona Luce une telle révolution, qu'elle étoit attaquée d'une fièvre maligne extrêmement dangereuse en Espagne. Elle avoit su que Don Miranda avoit fait inviter Hurtado à dîner : ne se sentant pas la force de dissimuler en présence de son père les sentimens de son cœur, elle se vit perdue pour jamais. Sa duegne voulut en vain soutenir son courage, elle ne fit qu'aigrir sa douleur. Alors, Théresia voyant qu'il n'y avoit aucune espérance qu'elle pût se rendre au parc, fit écrire le billet que nous avons rapporté, et le fit remettre à sa sœur. Ce qui inquiéta le plus la marquise, c'est que Luce, dans son délire, parloit sans cesse d'Hurtado, des torts qu'elle avoit avec son père ; repoussoit avec une sorte de fureur Théresia, en lui reprochant sa fatale complaisance; elle trembloit que Miranda qui vouloit être toujours auprès de sa fille, ne fût instruit de son abominable intrigue. Mais ce respectable père ne pouvant soupçonner la conduite de Luce, ne vit dans la préoccupation que la fièvre lui laissoit montrer, que l'amour qu'Hurtado lui inspiroit; et comme son bonheur étoit tout ce qu'il desiroit, il forma le projet d'étudier encore avec plusde soins le caractère et les mœurs de ce jeune homme, pour l'unir à sa fille chérie, ne comptant pour rien la fortune; la sienne étoit bien suffisante, pour qu'ils pussent tenir à Cordoue un état brillant : ainsi, les ruses des méchans tournoient contre eux; mais ils redoublèrent d'efforts pour consommer leurs forfaits.

Cependant, l'instant arrive où Hurtado peut se présenter au palais ; toutes ses apréhensions de revoir Miranda, cèdent au desir de savoir avec précision l'état de celle qu'il aime. On le fait entrer dans la galerie ; la tristesse de tous les domestiques ajoute à son effroi, et prouve combien Luce est aimée ; il n'ose interroger personne : enfin, Don Miranda paroit ; des larmes bordoient sa paupière ; il tend les bras à Hurtado, qu'il regarde comme le fils que le cœur de Luce lui donne. — Ah ! mon ami, lui dit-il, que depuis hier mon sort est changé ; je vous avois engagé à venir vous réunir à ma famille ; je voulois, par ce témoignage d'amitié, vous prouver mon estime ; je me faisois une idée douce de ce repas : mais à peine Stéphano revenu de chez vous, m'a dit que vous acceptiez, que ma fille a été attaquée de la plus violente maladie, dont je crois démêler la cause ;

mais, ce qui me désespère, c'est que le délire, qui ne la quitte pas, ne me permet pas de lui donner des espérances qui peut-être rendroient le calme à cette ame sensible.—Ah! seigneur, j'ignorois la maladie de Dona Luce; croyez que je partage bien sincèrement votre douleur....... Mais le danger est-il extrême?—Les médecins répondent encore de sa vie; sa jeunesse, la bonté de sa constitution, tout fait espérer qu'elle aura la force de supporter cette maladie, qu'ils ne m'ont point dissimulé qui seroit très-longue.—Hurtado ne cherchoit pas à cacher ses vives inquiétudes; la manière affectueuse dont le père de son amante l'avoit accueilli, ce qu'il lui avoit dit, tout lui donnoit le droit de paroître presqu'aussi affligé que ce père infortuné, qui le quitta plusieurs fois pour s'informer de l'état de sa fille : il étoit toujours le même.

La marquise parut, enfin, avec Borelli ; elle avoit mis la plus grande recherche dans sa parure. Cette femme vindicative n'étoit pas moins passionnée pour le plaisir ; et malgré la préférence qu'Hurtado avoit donnée à Luce, voyant celle-ci mortellement attaquée, elle avoit calculé que si ce jeune homme ne pouvoit plus être l'instrument de sa haine, il étoit possible, qu'en se l'attachant, elle trouvât en lui un amant plus beau, plus aimable que Borelli dont elle commençoit à se lasser. Elle aborde Hurtado avec ce sourire voluptueux qui lui avoit tant de fois assuré des conquêtes, et se plaignit de ce qu'il falloit un ordre du marquis pour avoir le plaisir de le voir. Hurtado à qui ce manège n'échappe pas, en conçoit pour elle le plus profond mépris ; i est loin d'imaginer la scélératesse de cette femme, le cœur des méchans est un abîme impénétrable pour l'homme vertueux ; mais il la juge insensible et coquette : c'étoit assez pour qu'il ne répondit à ses agaceries que par la froideur la plus marquée. Cependant, elle ne se rebute pas, et continue à déployer tout l'art dont elle se sent capable, pour rendre Hurtado infidèle. Borelli qui n'avoit jamais aimé la marquise, mais qui ne vouloit pas qu'un autre le remplaçât, ne voyoit pas sans la plus sombre jalousie les soins qu'elle mettoit à lui plaire, et n'en juroit que plus fortement dans son cœur la perte de ce double rival. Le dîner fut triste; Miranda et Hurtado n'étoient occupés que des souffrances de Luce. La marquise passoit tour à tour des idées de vengeance aux projets d'une nouvelle intrigue, et Borelli avoit le cœur déchiré par les serpens de l'envie.

En sortant de table, le marquis emmena Hurtado dans sa bibliothèque où il s'enferma avec lui, ce qui mit les deux complices dans une grande inquiétude, et resserra pour quelques momens des nœuds que le crime avoit formés, et que la lassitude relâchoit.-Don Miranda fit part à Hurtado des dispositions du ministre, du desir qu'il avoit montré de connoître l'auteur du mémoire; convint avec lui que si l'état de Luce devenoit plus consolant, il le méneroit, dans peu, à la cour : mais, ajouta-t-il, si ma fille est aussi mal, cela me sera impossible; je n'aimerois pas autant mes semblables, je ne desirerois pas autant les servir, si mon cœur n'étoit ouvert au plus impérieux devoir de la nature. Hurtado qui, dans les angoisses où le jetoit la maladie de Luce, n'étoit pas plus en état de discuter le plan qu'il avoit écrit, fut bien de l'avis du marquis, de ne s'en occuper qu'autant que la santé de Dona Luce ne donneroit plus d'inquiétude, et demanda seulement la permission de venir tous les jours s'en informer, ce que son père lui accorda sans difficulté. — Attendez-moi ici un instant, ajouta-t-il, je vais monter chez elle, et vous dirai comment elle se trouve. Il repassa dans le salon où il ne trouva plus la marquise et son confident; elle étoit retournée auprès du lit de la malade, moins pour lui donner des soins que pour épier le progrès d'un mal qui lui donnoit l'espoir d'être délivrée d'un objet qui chaque jour lui devenoit plus odieux. Don Miranda s'approche de sa fille qui semble le reconnoitre, joint les mains avec la plus touchante expression, et s'écrie : pardon, pardon, mon père. — Ah ! que veux-tu que je te pardonne, mon enfant! n'es-tu pas toujours ma gloire et mon bonheur ! va, crois que tu n'auras pas de meilleur ami que lui, qu'il est digne de ta confiance, qu'il ne cherchera jamais à pénétrer dans ton cœur, que pour prévenir tes moindres desirs. — Ah ! mon père! Hurtado...... Théresia.... O ! les monstres ! ils m'ont trompée. Mon père, Hurtado n'est point coupable. — Je le crois, répondit le marquis ; je l'estime, sois tranquille : il a dîné avec nous. — Il est ici, il est ici ; il a osé..... Ah ! qu'il ne vienne pas, qu'il ne se présente pas ici tant que vous y êtes, j'en mourrois, j'en mourrois. Ah ! je le sens, ils ont juré ma perte....... Mon père ! ne me maudis pas. O ! mon père ! que je t'aime....... Don Miranda ne pouvoit résister à sa douleur ; il ne regardoit tout ce que disoit sa fille que comme l'effet du plus violent délire. La marquise qui trembloit qu'il ne devinât la vérité, l'entraîna, malgré lui, hors de la chambre de cette infortunée. — Venez, dit-elle à son époux, venez dans le parc, vous avez besoin de vous distraire ; et il se laissa conduire. En descendant, il se ressouvint qu'il avoit laissé Hurtado dans sa bibliothèque ; il proposa à la marquise de l'emmener avec eux dans les jardins : elle y consentit avec joie. Il le trouva dans les plus mortelles alarmes, le son de la voix de Luce avoit pénétré jusqu'à lui ; il l'avoit entendu le nommer avec la plus grande véhémence ; il trembloit qu'elle ne révelât son secret ; mais il fut rassuré par la manière simple dont le marquis lui parla de sa fille. — Toujours dans le même état, l'esprit frappé d'un seul objet que l'ardeur de la fièvre lui fait voir sous les couleurs les plus sinistres. Ah! si le ciel me la rend, j'espère qu'elle sera heureuse. La marquise avoit peine à contenir sa rage; et dans l'impuissance de porter pour l'instant des coups mortels, elle exerce sa vengeance par un de ces rafinemens qui n'appartiennent qu'à l'imagination d'une méchante femme. On étoit descendu le perron qui conduisoit au jardin. La marquise, sous prétexte de se garantir de la chaleur, gagna une grande salle de maronniers qui conduisoit au parc; son mari et l'amant de Luce la suivoient en silence, tout occupés de leur douleur; elle hâte le pas, et, enfin, parvenue à l'angle du mur du jardin des Ursulines, elle voit les crampons que Thérésa y avoit fait poser pour y attacher les échelles; elle est sûre que le banc de gazon, que des arbres presqu'aussi antiques que ceux des forêts ombragent, est celui où Luce s'asscyoit toutes les nuits auprès de son amant; c'est la place où elle a reçu et donné cette imprudente promesse : elle s'arrête, et regardant fixement Hurtado :— Convenez, dit-elle, que cet endroit du parc est délicieux, qu'on peut se croire à cent lieues de toute habitation, et que deux amans fortement épris pourroient y oublier les tristes conventions de la société, pour n'y suivre que les douces lois de la nature. Ce lieu que le jour ne changeoit pas assez pour qu'Hurtado ne le reconnût pas, la présence du marquis, le discours de sa femme qu'il ne savoit pas s'il devoit entendre comme étant instruite de ses rendez-vous avec Luce, ou comme un moyen de lui en donner un pour elle-même, mirent Hurtado dans une situation qu'il est impossible de peindre : son trouble étoit si extrême, que si le marquis n'eût pas été tout à sa douleur, il eût été impossible qu'il n'eût pas soupçonné la vérité. Dona Miranda qui vouloit tourmenter Hurtado et non éclairer son mari, ne prolongea pas ce cruel moment ; et sans attendre la réponse qu'elle avoit semblé exiger, reprit une autre route qui conduisoit à la volière : asseyons-nous, dit-elle, voilà une assez longue course. — Oh ! oui, asseyons-nous ici, dit Don Miranda ; j'ai du plaisir à entendre le chant de ces oiseaux que ma Luce a presque tous élevés. Pauvre petite ! dès qu'elle sera mieux, je suis bien sûre qu'elle s'y fera porter pour voir ses bons amis : Hurtado, je crois que l'on a oublié de leur donner à manger :

tenez, voilà la clef ; il ne vous fera pas de peine de remplacer Luce dans les soins qu'elle prend avec tant de plaisir, et que l'inquiétude qu'elle a causée à toute la maison a fait oublier. Hurtado accepta avec la plus sincère reconnoissance cet emploi : là, il pouvoit penser à Luce sans rougir aux yeux de son père ; là, elle lui paroissoit parée de toutes les graces de l'innocence; car, bien qu'il eût respecté sa vertu, il sentoit qu'il n'en étoit pas moins coupable en trompant un père qui aimoit si tendrement sa fille ; il s'étonnoit en lui-même que le marquis dont l'ame lui paroissoit si sensible, pût former le dessein d'unir Luce à un homme tel que Thérésia l'avoit peint : mais quel intérêt celle-ci avoit-elle à les tromper !

Lorsqu'il eut donné à ces prisonniers leur portion, il vint reporter la clef au marquis, qui le pria de la garder. — Vous viendrez tous les jours, lui dit-il, savoir des nouvelles de Luce ; rendez-moi le service de soigner ses enfans. L'on pense bien qu'Hurtado ne s'y refusa pas. Tant de marques de confiance, d'amitié, données par le père de Luce à son amant, inquiétoient infiniment la marquise ; elle voyoit que tous ses pièges tournoient contr'elle, et pensoit à frapper des coups plus sûrs, lorsque la confidence du marquis ne lui laissa plus de repos qu'elle n'eût perdu celui qui avoit à ses yeux le double tort d'aimer Luce et de la dédaigner.

Hurtado venoit de se séparer de Miranda, en lui disant qu'il viendroit le lendemain dès le matin, pour savoir comment la nuit se seroit passée. Le marquis entre avec sa femme dans son appartement, et lui dit : — Vous ne sauriez imaginer, mon amie, combien je suis affligé de l'état de ma fille, d'autant que je vois bien que l'amour en est cause ; elle se reproche, comme un crime, d'aimer ; comme si l'on pouvoit être maître de commander à son cœur. Depuis près d'un mois je la vois dépérir ; elle aime. — Et qui pensez-vous, dit la marquise, que son cœur ait choisi ? je ne vois personne. — Eh ! reprit Don Miranda, il n'est pas difficile de le deviner, c'est Hurtado ; a-t-elle nommé d'autres noms depuis qu'elle est malade ? d'ailleurs, il faut en convenir, il est fait pour enflammer le cœur d'une jeune personne ; il est de la plus belle figure, plein de graces, d'esprit, d'une prudence au-dessus de son âge. — J'en conviens, répondit négligeamment la marquise, il est fort bien, et vous avez raison, dès que vous croyez que votre fille l'aime, de le lui donner pour époux ; c'est digne d'un cœur aussi sensible que le vôtre....... Il a peu de fortune. — Ma fille est si riche! — Vous croyez qu'il l'aime ? — Ah ! je n'en doute pas ; avez-vous vu sa profonde douleur ? la simple sensibilité n'a pas des caractères si touchans : quand je pleure avec lui du danger de ma fille, il est aisé de voir qu'il tremble pour les jours d'une amante. — Ainsi, vous ferez ce mariage promptement ? — Ah ! dès qu'elle sera rétablie ; pourquoi faire acheter un bonheur que l'on peut procurer à l'instant! Hélas ! je pense à son hymen, et la faulx de la mort plane sur sa tête. — Le médecin assure qu'il n'y a point de danger; mais me permettrez-vous, ajouta la marquise, de vous faire une observation ; vous m'aviez dit que vous ne vouliez pas marier votre fille à un vainqueur de l'Amérique, et Hurtado en est un. — Ne le confondez pas avec ces tigres féroces ; Hurtado n'est occupé que d'adoucir le sort de ces malheureuses victimes de l'avarice et de la superstition. Il m'a remis un mémoire que j'ai communiqué au ministre, et dès que ma fille ne me causera plus d'inquiétude, nous nous en occuperons : c'est le plan le plus sage et le plus utile ; on est étonné qu'un jeune homme ait des connoissances aussi vastes dans l'art de gouverner ; j'avoue que cela me donne de lui l'idée la plus avantageuse, et me fait voir avec la plus douce satisfaction qu'il est l'époux que le cœur de ma Luce a choisi. — Lui avez-vous fait entendre qu'il pouvoit prétendre à cet honneur ? — Je m'en suis bien gardé. Hélas ! dans l'état où est ma fille, si j'avois le malheur de la perdre, pourquoi ajouterois-je à la douleur qu'il auroit de sa mort, le regret de voir fuir pour jamais le bonheur dont il auroit eu la certitude! Je vous demande donc le plus profond secret sur un projet que je ne serai peut-être pas assez heureux de réaliser ; c'est parçe que je connois votre prudence, votre discrétion, que je me plais à vous communiquer mes plus secrettes pensées. — Je mets trop de prix, répondit l'adroite marquise, à votre confiance, pour en abuser, et je partage bien sincèrement et vos craintes sur la vie de notre chère enfant, comme je ressentirai votre joie de son rétablissement et de l'union fortunée que vous projetez. Je vais retourner près d'elle; soyez sûre de tous mes soins, et accordez à ma tendresse de ne pas y entrer tant que la fièvre aliénera sa raison: vous savez qu'elle a l'esprit frappé

de

de vous avoir offensé ; toutes les fois qu'elle vous voit, son imagination s'enflamme et la fièvre redouble : ainsi, par amour pour elle, vous devez attendre quelques jours. — Je sens, mon amie, la force de vos raisonnemens ; mais, comment me priver du bonheur de la voir ? — Ce n'est que pour quelques jours ; d'ailleurs, vous pourriez y entrer au moment où elle repose : alors, vous seriez assuré de son existence, sans l'exposer à des crises que le médecin qui a été témoin de la dernière, ne m'a pas caché être fort dangereuse. — C'est ainsi que cette cruelle marâtre trouva le moyen d'éloigner du lit de la malheureuse Luce, un père qui souffroit autant que sa fille de cette privation. La marquise qui avoit formé son plan, avoit un extrême intérêt de priver Luce des témoignages de tendresse de son père ;

mais cette privation ne suffisoit pas, il falloit perdre Hurtado : quelles que fussent les ressources de son génie pour l'intrigue, elle n'en voyoit pas d'assez prompte pour empêcher le marquis de l'unir à Luce, si celle-ci se rétablissoit.

Stéphano, plus profondément scélérat que sa complice, ayant été instruit par elle de tout ce que Don Miranda lui avoit confié, trouva l'unique moyen de détruire dans l'ame du marquis toute estime et tout attachement pour Hurtado : mais pour suivre le fil de cette infernale intrigue, il faut remonter à des temps déjà éloignés de celui dont nous parlons. Le marquis de Miranda avoit eu pour émule, dans sa jeunesse, le fils d'un pauvre gentil-homme qui avoit un petit castel dans les environs de Cordoue, nommé Galettas : le père du marquis s'étoit entièrement chargé de son éducation, et lui avoit fait donner les mêmes maîtres qu'à son fils : ces deux jeunes gens s'aimoient de la plus vive amitié ; le rapport de leurs sentimens, la beauté de leur ame, rendoient leur union à l'abri de l'absence et du temps. Le marquis suivit la carrière des armes. Galettas à qui une dévotion trop exaltée faisoit redouter les dangers du siècle, prit l'habit religieux dans un couvent d'Augustin de Cordoue ; mais ils n'en conservèrent pas moins les relations les plus intimes. Etoient-ils séparés l'un de l'autre, ils se rendoient un compte exact de tout ce qui leur arrivoit d'intéressant ; et lorsqu'ils étoient à Cordoue, il ne se passoit pas de jour où ils ne se vissent et toujours avec un nouveau plaisir. Lorsque les Espagnols eurent porté la désolation dans le nouveau monde, il se trouva des hommes doués des vertus qui devoient caractériser les ministres des autels. Las-Casas et Galettas se distinguèrent parmi les missionnaires ; leur zèle n'avoit rien de ce fanatisme odieux qui égorge les hommes avec un fer sacré ; ils furent les pères, les amis de ces malheureux mortels, que leurs vainqueurs traitoient avec une barbarie inouie. Galettas instruisoit son ami des progrès de la civilisation où il portoit ses Néophites, et c'étoit sur-tout lui qui lui avoit donné une si invincible horreur des aventuriers qui n'arrivoient dans l'Inde que pour y apporter aux malheureux habitans la mort ou les fers. La confiance de Miranda pour son ami étoit sans bornes, et dès que Galettas lui avoit dit telle chose est, eût-il vu le contraire, qu'il se seroit persuadé qu'il s'étoit trompé, et que ses sens lui faisoient illusion. Jamais homme ne mérita mieux cet abandon de l'amitié, et ne fut plus incapable d'en abuser. Ainsi, quelqu'intérêt qu'Hurtado eût pu inspirer au marquis, si l'on parvenoit à avoir une lettre de Galettas qui détruisit la bonne opinion que Don Miranda en avoit conçue, rien ne le feroit revenir sur son compte. Mais Galettas étoit à Mexico; et d'ailleurs, quelle apparence qu'un homme aussi vertueux que ce missionnaire, entrât dans les vues perfides de la marquise pour perdre un ami des Indiens; il y avoit peu de ressources de la part du gouvernement, presque tout le plan d'Hurtado paroissoit entrer dans les vues du ministre : il n'y avoit donc qu'un moyen qui ne pouvoit être trouvé que par l'ame atroce de Borelli, celui de contrefaire parfaitement l'écriture de Galettas, et de faire remettre cette lettre au marquis par le confesseur de sa femme qui étoit du même ordre que le missionnaire ; mais son contraste parfait, superstitieux, plein d'ambition, aimant l'argent, mais extrêmement borné, et à qui on pouvoit faire faire tout ce que l'on vouloit, en le colorant de l'intérêt du ciel sans nuire aux siens. Plusieurs fois il avoit remis au marquis des lettres de son ami, qui venoient sous le couvert du général de l'ordre; ainsi, rien n'étoit plus simple: la marquise s'empare d'une ancienne de Galettas à son ami. Borelli, parmi les talens qu'il avoit acquis, possédoit au suprême dégré celui d'imiter l'écriture à pouvoir tromper celui même de qui elle étoit. Il ne fut donc plus question que de faire venir cet augustin qui se nommoit Michaellos. L'approche d'une grande fête éloigna de cette entrevue tout soupçon, l'usage des dames espagnoles étant de se confesser dans leur maison.

Le père se rend aux ordres de sa pénitente, et est introduit dans l'oratoire. — J'ai à vous dénoncer, mon père, dit Dona Miranda, une manœuvre de l'esprit de ténèbre, qui veut se servir du crédit de mon époux pour s'opposer à la propagation de notre sainte religion. Un jeune aventurier pour se faire un nom, a conçu le dessein de civiliser les nations barbares de l'Amérique, sans commencer par les instruire du christianisme. Vous sentez quel danger auroit une telle méthode, et que ces hommes, une fois admis à l'alliance des Européens, jouissant de l'avantage qu'ils en retireroient, il ne seroit plus possible de les arracher à leur idolâtrie, et même rameneroient à eux les Néophites encore peu affermis dans notre sainte croyance ; il faut donc couper le mal dans sa racine, et ôter à Don Miranda toute confiance en ce dangereux novateur; vous savez celle qu'il a en Don Galettas, qui, je suis sûre, partageroit mon opinion ; mais il est trop éloigné pour espérer d'avoir assez promptement de lui les secours dont nous avons besoin, il ne tiendroit qu'à vous, mon père, de le remplacer dans cette bonne œuvre. — Et comment, Dona, pourrois-je y parvenir? vous savez que j'ai très-peu d'accès auprès de monseigneur le marquis de Miranda, et que je n'ai l'honneur d'être admis chez lui, que lorsque j'ai à lui remettre des dépêches de Don Galettas, et souvent même il ne me dit pas un mot : comment pourrois-je détruire sa prévention pour ce jeune homme, dont je conçois que le projet est si funeste au progrès de la vérité dans le nouveau monde? — Il n'est point nécessaire pour ce que j'ai imaginé, ni qu'il vous parle, ni que vous lui

parliez ; il ne s'agit que de lui remettre une lettre de Don Galettas. — Je n'en ai point. — Vous en aurez une telle qu'il la faut pour renverser l'œuvre de l'ennemi du genre humain. Soyez tranquille, il sera impossible que mon époux soupçonne qu'elle n'est pas de Don Galettas. — Quoi ! Dona, une lettre contrefaite ; y pensez-vous ? — Oui mon père, et j'ai cru que vous approuveriez tous les moyens pour arrêter un aussi grand désordre ; je voulois même vous charger des aumônes que je destine à obtenir la protection de Dieu pour cette pieuse entreprise: en disant cela, elle tire de sa poche une bourse pleine de piastres, la présente au père en même temps que la fausse lettre. Michaellos, qui vit bien qu'il falloit accepter ou refuser l'une et l'autre, se recueillit un moment ; puis, se croisant les mains sur la poitrine, il dit : — Le ciel m'est témoin qu'il s'agiroit de ma vie, que pour rien au monde je ne consentirois à remettre une lettre supposée; mais ici ce n'est pas de moi, indigne créature, dont il est question, mais de la grace de Dieu, mais de retirer de l'empire de Satan des milliers d'idolâtres que l'on veut lui laisser, et dussai-je encourir par cette action la damnation éternelle, je m'y dévoue pour racheter les ames de mes frères. Il prit la lettre et la bourse, et convint que sous deux jours, pour ôter tout soupçon, il feroit demander une audience au marquis pour la lui remettre. On décida aussi que, dorénavant, on supprimeroit toutes les lettres de Galettas au marquis, et celles du marquis au missionnaire. Elle promit, au père, toute sa protection pour lui faire obtenir un évêché en Amérique, afin de le mettre à l'abri de toutes recherches, si par hasard Galettas en revenant à Cordoue, démentoit la lettre; ce qu'elle ne pensoit pas, lorsqu'il en sauroit le motif qui n'étoit que pour la gloire de notre sainte religion. Ces promesses, la somme considérable que ce lâche avoit reçue, mit sa conscience en repos; il sortit fermement décidé à remplir l'abominable mission dont il étoit chargé.

Cependant, Luce, tandis que son ennemie tramoit sa perte, luttoit avec effort contre la maladie dont elle étoit attaquée; sa raison néanmoins avoit des intervalles, et alors elle s'affligeoit de ne pas voir son père, qui, persuadé par les discours de sa femme que sa présence pourroit aigrir les souffrances de sa fille, s'imposoit la cruelle privation de n'être pas le premier à lui rendre ses soins; il ne venoit dans sa chambre que lorsqu'elle étoit assoupie ; il s'approchoit sur la pointe du pied, retenoit son haleine crainte de troubler ce moment de repos ; il la considéroit avec la plus tendre sollicitude; et lorsqu'il trouvoit son teint moins enflammé, sa respiration plus libre, il se retiroit avec moins d'inquiétude. Sa seule consolation étoit d'être avec Hurtado, de lui parler de sa Luce ; en vain la marquise vouloit l'entourer de ses enfans, ils ne pouvoient le distraire de sa douleur : pour elle, elle ne quittoit pas la chambre de Luce, et continuoit à en éloigner son mari : Hurtado, par une raison bien différente, engageoit aussi Don Miranda à ne point la voir ; il craignoit que dans le délire le secret de cette promesse de mariage n'échappât à son amie; et plus il voyoit le marquis bien disposé pour lui, plus il lui étoit important qu'il l'ignorât toujours. La marquise craignoit, au contraire, que Luce en instruisant son père sur tout ce qui s'étoit passé, n'éclairât l'affreux dédale où elle vouloit l'égarer : ainsi, l'un par respect pour lui, l'autre, pour suivre sans contrainte son odieux projet, séparoient deux êtres qui avoient un égal besoin de se voir.

Enfin, le jour qui devoit porter le désespoir dans l'ame de nos amans arriva ; le lâche Michaellos fit demander à Don Miranda une audience, pour lui remettre une lettre de Don Galettas : qu'il vienne, s'écria le marquis, jamais les marques de souvenir de mon ami n'arrivèrent plus à propos. Ah ! s'il eût été ici, avec quelle sensibilité il eût partagé mes alarmes pour ma fille. Ame tendre et céleste ! le célibat n'a point éteint en vous l'instinct précieux de la nature ; sans être époux ni père, ces sentimens ne vous sont point étrangers. Avec quelle douce compassion Galettas essuyoit les larmes que la mort de la mère de Luce me fit si long-temps répandre; sans lui je n'aurois pu résister à ma douleur; il sut mêler aux consolations de l'amitié celles de la religion, qu'il sait rendre aussi respectable qu'elle est sublime. Ah! si tous ses ministres ressembloient à Galettas, il n'est point de cœur qui ne vînt au-devant de son joug. Quand te reverrai-je ami cher à mon cœur : vous le connoissez peu, Dona; depuis que nous sommes unis, il a presque toujours été absent; mais je suis bien sûr que vous partageriez mes sentimens pour lui. — Tous vos amis, seigneur, me sont chers, et celui-là me le seroit d'autant plus qu'il joint à l'avantage d'être aimé de vous, les plus rares vertus. — Il y a, dit Miranda une extrême différence entre lui et son confrère ; mais il a votre confiance, sans doute il la mérite. Il n'avoit pas prononcé ces mots, qu'on annonce Michaellos ; il entre avec le maintien le plus modeste, salue profondément le marquis, et tire de son sein cette fatale lettre qui va pour jamais détruire le bonheur de Miranda et de sa malheureuse fille. La marquise la voit remettre sans changer de couleur, et attend, avec une joie atroce, l'effet du poison qu'elle contient ; mais, Miranda qui veut jouir de tout le charme de l'amitié, sans qu'aucun témoin en trouble les douces extases, remercie Michaellos, et passant dans son appartement, il s'y enferme pour lire la lettre de Galettas, ou du moins qu'il croit être de lui. La marquise restée seule avec son directeur, l'engage à ne pas prolonger sa visite, dans la crainte d'éveiller les soupçons. Hélas! Miranda étoit bien loin d'en avoir : cet infernal écrit n'étoit que trop ressemblant à ceux qu'il avoit reçus tant de fois de cet homme respectable ; ils ont su trop bien imiter son style, pour que tout ce qu'il contient ne paroisse pas venir de lui; mais pour donner au lecteur quelques idées de l'effet terrible qu'il dut produire sur Don Miranda, il faut qu'il lise lui-même cette lettre que je transcris ici.

Lettre de Don Galettas au marquis Miranda, de Mexico, le 18 avril 1527.

« Il y a déjà quelque temps, » mon respectable ami, que je ne » vous ai écris ; les occasions ne » sont pas fréquentes, et d'ailleurs, » toutes ne sont pas également

» sûres, et j'en avois besoin d'une
» qui ne me donnât aucune inquié-
» tude, pour vous faire part d'une
» chose extrêmement importante,
» et que je confie à votre prudence.
» Vous me connoissez assez pour
» qu'il ne soit pas nécessaire de
» vous dire que ce n'est pas légè-
» rement que je me porte à dévoi-
» ler les fautes de mes semblables;
» vous savez que je voudrois les
» dérober à tous les yeux, et laisser
» au coupable tout le temps du ré-
» pentir.

» Mais, lorsqu'un scélérat veut,
» en se parant des vertus qu'il n'a
» pas, surprendre la candeur des
» hommes honnêtes, je crois qu'il
» est du devoir d'un ami de pré-
» munir son ami contre ses ruses,
» sur-tout, lorsqu'elles entraine-
» roient le malheur des peuples,
» qui, pour être nés sous un autre
» hémisphère, n'en sont pas moins

» les enfans d'un même père, et di-
» gnes de notre tendre sollicitude.
» Vous saurez donc qu'un nommé
» Hurtado, qui se dit gentil-homme
» des environs de Séville, âgé au
» plus de vingt-cinq ans (comment, si
» jeune a-t-on déjà le cœur si cor-
» rompus et l'ame si féroce !) est
» un de ceux qui s'est signalé avec
» plus de fureur contre les malheu-
» reux Indiens : vingt fois je me suis
» jeté à ses pieds pour lui demander
» la vie de ces infortunés, et tou-
» jours son ame atroce m'a repous-
» sé avec une cruauté qui n'a point
» d'exemple. Souvent le sang de ses
» victimes rejaillissoit jusqu'à moi;
» enfin, las de commettre des cri-
» mes, et d'ailleurs, craignant d'être
» enfin puni de ses attentats, il a
» quitté ces malheureuses contrées.
» J'apprends dans l'instant, qu'à
» peine arrivé en Espagne il s'est fait
» passer pour le plus zélé défenseur

» de ceux qu'il auroit voulu anéan-
» tir ; il se flatte, m'a-t-on dit, de
» parvenir jusqu'à vous, de vous
» éblouir par des plans qui ne res-
» pirent que l'amour de l'humanité,
» pour obtenir par votre crédit d'être
» renvoyé ici avec un armement
» considérable, qui le mettroit à
» même d'exercer, sans crainte,
» ses infâmes brigandages. Vous
» voilà prévenu, mon digne ami ;
» je ne vous demande point de
» vous exposer aux ressentimens
» de cet homme à qui tous les cri-
» mes sont familiers, en divul-
» guant sa conduite ; mais, seule-
» ment, de ne pas souiller votre
» nom, en appuyant de votre cré-
» dit, un monstre qui tôt ou tard
» trouvera la juste punition due à
» ses forfaits. Hélas ! ces tristes
» contrées en offrent sans cesse de
» nouveaux, et sans l'espérance
» d'adoucir le sort de ces infortu-

» nés, je ne pourrois résister au
» spectacle de leur misère.

» Je ne crois cependant pas rester
» encore long-temps ici ; j'ai besoin
» de revoir un ami qui m'est si
» cher, de jouir avant ma mort de
» quelques momens de repos ;
» puisse la vôtre, mon digne ami,
» être aussi douce que votre vie a
» été pure, et que nous soyons
» réunis dans le séjour céleste, où
» nous nous aimerons dans celui qui
» est le centre unique de toutes nos
» affections! Marquez-moi le plutôt
» possible, cher ami, si cette
» lettre sera arrivée assez à temps
» pour s'opposer aux ruses de l'in-
» fâme Hurtado ».

Adieu pour la vie,

GALETTAS.

Il n'est point de plume capable de rendre ce que la lecture de cette lettre fit éprouver à Miranda ; il la lisoit et la relisoit encore ; il frémissoit du danger qu'il avoit couru en formant le projet de s'allier avec un pareil monstre ; il bénissoit le ciel de lui avoir donné dans Galettas un ami si fidèle, qui veilloit sur lui d'une extrémité de la terre à l'autre ; mais il ne pouvoit concevoir comment Hurtado, sous une figure céleste, pouvoit cacher l'ame d'un tigre affamé de sang. Ah ! si c'eût été un autre que Galettas qui l'eût accusé, rien n'auroit pu lui faire croire de semblables horreurs; mais son ami étoit incapable de le tromper. C'étoit bien le même homme, le nom, l'âge, le pays qu'il habitoit, les plans qu'il l'avoit chargé de présenter au ministre. Il ne pouvoit y en avoir un autre ; mais ce qui le désesperoit, c'étoit de penser qu'il avoit séduit le cœur de sa malheureuse fille. N'importe, disoit-il, je ne puis avoir la foiblesse de consentir à l'unir à un cannible; car c'est à eux qu'il faut donner ce nom plutôt qu'au peuple infortuné qu'ils ont réduit au désespoir. Le temps, mes soins, guériront le cœur de mon enfant; mais il faut la sauver du malheur affreux d'être unie à ce monstre!... Non, c'est un parti pris, il faut rompre sans retour; et se mettant devant une table, il écrivit ce billet à Hurtado.

Billet de Miranda à Hurtado.

A Cordoue, le 29 juin 1527.

« Il n'est point dans mon carac-
» tère de feindre. Je vous ai aimé,
» parce que je vous estimois; je
» vous destinois le plus grand bon-
» heur : le ciel m'a préservé d'être

» le jouet de votre perfidie. Je suis
» instruit de tout, c'est vous dire
» que je ne vous reverrai de mes
» jours. Un autre que moi appelle-
» roit peut-être contre vous la ri-
» gueur des lois; mais je vous aban-
» donne à vos remords, s'il est
» possible que vous puissiez en
» avoir encore: ne m'écrivez point,
» car je vous renverrois vos lettres
» sans les lire; ne vous présentez
» pas chez moi, car les ordres
» les plus sévères vous interdiront
» l'entrée de mon palais. Si vous
» êtes offensé de ma conduite à
» votre égard, je ne vous cherche-
» rai point; mais, par-tout où vous
» voudrez me trouver hors chez
» moi, je ne vous éviterai pas.

MIRANDA.

Hurtado alloit se rendre chez le père de sa bien-aimée, lorsqu'il reçut ce billet. Un coup de foudre l'auroit moins frappé ; il reste immobile de douleur et d'effroi ; il ne doute pas que ce qu'il avoit toujours redouté, ne soit enfin arrivé ; que la malheureuse Luce, dans son terrible délire, a tout dit à son père, et que c'est là la cause de cet ordre barbare qui le sépare pour jamais de celle qu'il adore. Il sent que la colère de Miranda est juste, d'autant qu'il voit que ce père respectable avoit daigné penser à l'unir à sa fille, qu'il a perdu par sa fatale imprudence le plus grand des biens. Il auroit dû avoir le courage de s'opposer aux perfides conseils de Théresia ; il n'auroit dû ne rien attendre que des bontés de cet homme estimable ; mais ce qui le rendoit inconsolable, c'étoit l'idée des douleurs de son amie, la crainte des reproches dont son père l'accableroit. Il étoit bien loin de chercher

cher

cher à se venger du traitement qu'un père outragé lui faisoit souffrir; il n'auroit voulu le rencontrer que pour se jeter à ses pieds, lui peindre son repentir et le rendre juge des motifs de sa conduite. Il ne pouvoit croire que Miranda dont l'ame étoit si sensible, ne fût pas indulgent pour une faute où il avoit été entraîné par l'ardeur de sa passion, et par les pièges dont on l'avoit environné; il se décida donc à attendre le marquis dans tous les lieux où il pouvoit espérer le rencontrer.

Boreili qui vouloit être instruit de l'effet qu'avoit produit le billet de Miranda, car il avoit su qu'il lui avoit écrit, et il n'ignoroit pas l'ordre qui avoit été donné de ne pas le laisser entrer, quoique le père de Luce n'en eût point articulé les motifs, se rendit chez Hurtado qui fut enchanté de le voir, espérant qu'il pourroit lui être utile pour lui ménager une entrevue avec son maître. — Que je suis affligé, dit Stéphano, de votre rupture avec Don Miranda ; quelle en peut donc être la cause ? tout le monde l'ignore. J'ai voulu inutilement la pénétrer: la seule chose qu'il m'ait dite, est de me donner l'ordre de retirer votre mémoire des bureaux du ministre, et de vous le remettre ; il m'a ajouté qu'il ne vouloit plus se mêler de cette affaire, qui, toute réflexion faite, présentoit plus de difficultés que d'avantages réels. Je m'imagine que c'est l'inquisition qui lui aura fait dire, peut-être, par un nommé Michaellos, augustin, qui est venu au palais ces jours derniers, de rompre avec vous. — Cela seroit possible, reprit Hurtado ; mais, d'après les termes de son billet, je crois démêler une autre raison à sa conduite envers moi, et je suis bien sûr que si je pouvois obtenir, de lui dire un seul mot, je regagnerois son amitié : vous seul, mon cher Borelli, pourriez me rendre ce service, si vous vouliez vous charger de lui faire lire cette lettre que j'avois écrite, sans espoir de trouver quelqu'un de sûr pour la lui envoyer ; je ne doute pas qu'il ne consentît à m'entendre. — Donnez, dit le traître Borelli, il n'est rien que je ne fasse pour vous servir ; mais je ne vous assure pas du succès : le marquis de Miranda, soit dit entre nous, a de grandes qualités ; mais il est comme tous les hommes qui n'ont point reçu de la nature un esprit transcendant ; il est opiniâtre dans ce qu'il a une fois résolu, et rien ne l'en fait revenir. Hurtado, qui jugeoit le marquis bien différemment, et qu'un jargon brillant n'éblouissoit pas, reconnoissoit en lui le sens le plus droit, des connoissances profondes qui étoient bien préférables au clinquant du génie Italien. Il étoit donc persuadé que le langage de la raison se feroit toujours entendre de Miranda, et qu'il étoit incapable d'obstination dans une chose aussi importante. Ainsi, il ne vouloit que s'en faire écouter; il insista pour que Borelli lui remît sa lettre qui étoit conçue en ces termes:

Lettre d'Hurtado au marquis de Miranda.

« Seroit-il possible, seigneur,
» que vous voulussiez me con-
» damner sans m'entendre. J'ai de
» grands torts, j'en conviens; mais
» n'accorderez-vous rien à la fou-
» gue des passions; et vous, que je
» connois si bon, si sensible, ne
» vous laisserez-vous pas toucher

» par ma profonde douleur, par
» celle de votre incomparable fille.
» Nous avons eu tort de ne pas
» compter sur vos bontés ; mais
» comment aurois-je pu me flatter
» qu'elles eussent été aussi grandes.
» Je vous jure, que si vous daignez
» me pardonner mon imprudence,
» d'attendre désormais ce qu'il vous
» plaira d'ordonner ; mais, si l'ex-
» cès de mon amour est un crime
» à vos yeux, ne pourra-t-il donc
« me servir d'excuse ? D'ailleurs,
» il y a mille choses que je n'ose
» confier au papier, et que je pour-
» rois vous dire, si vous m'accor-
» diez un moment, un seul mo-
» ment d'audience ce qui, je suis bien
» sûr, vous feroit juger moins sévè-
» rement notre conduite. J'attends un
» mot de réponse ou la permission de
» vous voir comme l'arrêt de ma vie.
» Moi ! chercher à attenter à la vô-
» tre! Non, non, jamais : le père

N 3

» de Luce peut me traiter avec la
» dernière injustice, sans que ja-
» mais je ne veuille que lui prouver
» mon attachement et mon profond
» respect ».

HURTADO.

Stéphano ne fut pas plutôt possesseur de cette lettre, qu'il courut la porter à la marquise. Effrayée de voir qu'Hurtado pouvoit déclarer à Miranda l'auteur de cette intrigue, et craignant que celle-ci ne la nommât à son tour, elle chargea Borelli d'employer tous ses soins pour détourner une entrevue qui auroit entièrement dévoilé cet horrible complot. Rien n'étoit plus facile à Stéphano; aussi, ne perdit-il pas de temps, pour aller retrouver celui qui le croyoit son ami, et qui l'attendoit avec une impatience extrême. Il l'aborde avec l'expression de la plus vive douleur. — Ce que j'avois prévu est arrivé, le marquis est entré contre moi dans une violente colère ; il a déchiré votre lettre sans vouloir la lire, et m'a signifié qu'il me chasseroit de chez lui, si j'osois seulement proférer votre nom ; et comme j'insistois pour qu'il consentit à vous voir, il m'a répondu, en mettant la main sur son épée : jamais je ne le verrai que ce fer à la main ; qu'il vienne se baigner dans mon sang ou que je fasse couler tout le sien, s'il ose se présenter devant moi ; j'en jure par tout ce qu'il y a de plus sacré. Je crois donc inutile, et même très-dangereux, non pas pour vous, car je suis bien sûr que vous ne craignez pas d'exposer votre vie, mais pour lui-même, que vous vous trouviez avec lui : loin donc de le chercher, fuyez-le avec soin, jusqu'à ce que le temps des réflexions plus sages, peut-être un intérêt plus tendre, que j'ai cru démêler parmi le torrent d'injures qu'il vomit contre vous, le ramènent à des sentimens plus modérés : rapportez-vous en à mes soins pour en saisir l'instant et vous en instruire. Hurtado désespéré de ne pouvoir fléchir le marquis, remercioit néanmoins du plus sincère de son cœur le monstre qui causoit tous ses maux, des témoignages apparens qu'il lui donnoit de son amitié : il n'osoit lui demander des nouvelles de Luce; il hazarda, cependant, de s'en informer. — On la regarde, dit Stéphano, comme hors de danger. — Sait-elle, repartit Hurtado avec la plus extrême émotion, le malheur que j'ai eu de déplaire à son père? — On le lui laisse ignorer; il paroît même que le marquis a ordonné sur cela la plus extrême discrétion, ne voulant pas, selon toutes les apparences, lui en parler, que lorsqu'elle seroit entièrement rétablie. Cette explication soulagea Hurtado d'un poids énorme; il trembloit que cette fâcheuse nouvelle ne portât un coup dangereux à son amie ; il voyoit, dans cette précaution du marquis, qu'il aimoit toujours tendrement sa fille, et qu'il n'avoit de colère que contre lui ; qu'ainsi, il seroit possible que Luce en convenant avec lui de ses torts, lui en expliquât la cause et le ramenât à des sentimens plus doux. Cette idée le consola, releva son espérance ; et sans faire de confidence à Borelli, il le pria seulement de ne point l'abandonner, de l'instruire toujours exactement de ce qui se passeroit au palais. Stéphano le lui promit, et le laissa aussi persuadé de la haine implacable du marquis, qu'assuré de son affection.

Cependant, la marquise ne croyoit avoir rien fait, tant qu'elle n'avoit pas encore perdu Luce ; il falloit la conduire au dernier dégré de la désobéissance. Dès qu'elle fut assurée que sa raison n'étoit plus égarée par la fièvre, elle ne craignit plus de laisser son père se rapprocher d'elle, bien persuadée qu'elle ne trahira pas son secret, et que le marquis est loin d'en avoir le moindre soupçon. La joie que Luce eut de revoir Don Mirande, ne peut se concevoir ; il lui dit que la crainte seule d'augmenter la violence de la fièvre par des émotions trop vives, l'avoit empêché d'être sans cesse auprès de son lit ; mais qu'à présent qu'elle n'avoit que des forces à reprendre, il ne la quitteroit plus qu'elle ne fût en parfaite santé.

Luce espéroit et craignoit qu'il ne lui parlât d'Hurtado ; mais le marquis se gardoit de hâter cette explication qu'il redoutoit pour elle ; ainsi, malgré tout le plaisir qu'ils avoient à se revoir, ils éprouvoient une contrainte que la franchise de Miranda ne put souffrir long-temps.

Luce commençoit à descendre dans la galerie ; elle avoit espéré qu'enfin elle verroit Hurtado. Théresia à qui elle avoit demandé sans cesse des nouvelles de son amant, l'avoit assuré qu'il ne se passoit pas de jour sans qu'il ne vînt savoir des siennes. Je le verrai donc, se disoit-elle, chez mon père : mais inutilement elle l'y attendit une grande partie du jour, il ne vint point. Elle avoit l'air inquiet, troublé : son père s'en apperçut et en devina la cause ; et la trouvant dans une situation à pouvoir soutenir ce qu'il vouloit lui apprendre, il lui proposa de venir s'asseoir dans cette salle de maronniers dont nous avons parlé ; il se plaça auprès d'elle, et la prenant dans ses bras : — Oh ! mon enfant, lui dit-il, puisse-tu ne jamais douter de la tendresse de ton père! Luce frémit à ce début ; quand on est coupable, tout fait craindre d'être accusé : ne sachant que répondre, elle se cacha dans le sein de Miranda. — Ma fille, je conçois tes inquiétudes, l'ennui que tu éprouves ; tu cherches, tu attends celui qui le premier t'a fait sentir que tu avois un cœur. Je suis loin de te faire un crime de l'intérêt qu'il t'a inspiré, puisque moi-même je l'avois cru digne de toi ; mais ce seroit en vain que tu conserverois l'espoir de lui être unie. Jamais tu ne porteras son nom ; jamais je ne consentirai à cet hymen. Je lui ai écrit de ne point reparoître devant moi....... Et comme il vit qu'elle vouloit répondre. —Ne cherches pas à me faire changer de résolution, elle est aussi invariable que ma tendresse pour toi est inaltérable. Les raisons qui m'ont forcé de la prendre sont si fortes, que je suis bien sûr qu'en descendant au fond de son ame, il conviendroit qu'il n'est point de père qui ne se conduisit de la même manière...... Ne m'en reparle jamais ; cette explication est la dernière que nous aurons sur ce sujet, qui, j'espère, n'éloignera pas le cœur de ma fille du plus tendre des pères. Luce, à moitié morte de frayeur, ne savoit ce qu'elle entendoit : elle ne pouvoit comprendre comment il avoit pu être instruit de son amour pour Hurtado ; comment, après avoir semblé l'approuver, il avoit tout à coup changé de sentiment, et éloigné de sa présence un homme qu'il avoit paru accueillir : savoit-il qu'ils avoient osé s'unir par une promesse de mariage ; mais alors, comment, ayant partagé la faute, ne partageoit-elle pas la colère qu'elle lui faisoit éprouver. Son ton avec elle étoit toujours aussi doux, aussi caressant qu'autrefois; il ne lui faisoit aucun reproche. Enfin, elle se perdoit dans ses conjectures ; mais ce qu'elle voyoit clairement, c'est qu'elle étoit séparée pour jamais d'Hurtado, et cette seule pensée la faisoit mourir. Son père la voyant profondément triste, lui proposa de se faire porter à la volière. Luce dit qu'elle se sentoit trop foible, qu'elle avoit besoin de repos, et elle remonta dans son appartement. Là, quand elle fut seule avec Théresia, elle donna un libre cours à ses pleurs. —Ah! pourquoi, lui dit-elle, m'avez vous trompée, en me disant qu'Hurtado venoit ici tous les jours? mon père, à présent, le déteste, et il m'a interdit tout espoir d'être à lui, en me disant qu'il avoit eu le projet de nous unir;

comment ai-je été si près du bonheur ! comment suis-je tout-à-coup tombée dans le dernier dégré du désespoir ? Ah ! pourquoi suis-je échappée à la mort, si je ne dois plus vivre que pour souffrir ? — J'ai dû vous laisser ignorer, reprit la duegne, tout ce qui se passoit, lorsque vous n'auriez pu l'apprendre sans danger ; je croyois que Don Miranda ne vous en parleroit pas encore : mais, ce qu'il y a de certain, c'est que personne ne peut concevoir la cause d'un changement si extraordinaire. Il avoit comblé votre amant de marques d'amitié, jusqu'à lui donner la clef de la volière, pour qu'il prît soin de vos oiseaux ; ils passoient des journées ensemble : enfin, il paroissoit que votre père n'attendoit que le retour de votre santé pour vous unir, quand tout-à-coup il a écrit à votre amant une lettre foudroyante, a donné les ordres les plus sévères pour qu'on ne le laissât pas entrer dans le palais ; il a même signifié à Borelli, que s'il apprenoit qu'il eût la moindre relation avec Don Hurtado, il ne resteroit pas vingt-quatre heures à son service. Malgré cette défense, comme Stéphano est très-attaché à votre ami, il ne se passe presque pas de jour où il n'aille chez lui pour lui donner de vos nouvelles, quoiqu'il soit avec lui d'une discrétion extrême. Voilà, ma chère enfant, tout ce que je sais : mais n'en soyez pas alarmée, cela ne peut être qu'un mal entendu, qui n'a aucun rapport avec vos rendez-vous que votre père ignore sû.ement.— Mais, comment sait-il que j'aime Hurtado ? — Parce que dans votre délire vous l'appeliez sans cesse ; heureusement vous n'en avez pas dit davantage : ainsi, soyez sans crainte, c'est un nuage qui passera, et qui ne doit pas vous empêcher, à présent que vous êtes mieux, de revoir votre ami. — Ah ! jamais je ne l'oserois ; si je tremblois en me rendant dans le parc lorque mon père ne lui avoit pas fermé l'entrée de sa maison, que seroit-ce à présent qu'il lui a juré une haine éternelle. Hélas ! je n'en aurois pas le courage. — Aussi, ne veux-je pas que vous alliez au rendez-vous, votre santé est encore trop foible. — Quoi ! vous l'introduiriez ici ! et si mon père l'y trouvoit ! vous me faites frémir. — Ce ne sera pas dans votre appartement, mais dans le mien, où, sûrement, il ne viendra pas le chercher. Je prends tout sur moi, et je veux que dès ce soir vous puissiez causer sans contrainte, et trouver les moyens de faire revenir Don Miranda de sa funeste prévention.

En effet, Théresia avoit fait dire à Hurtado qu'on l'attendoit au couvent des Ursulines. Ce malheureux amant qui se flattoit à peine de l'espoir de revoir celle qu'il adoroit, d'ailleurs, traité par le père de Luce avec la dernière rigueur, malgré tout ce qu'il avoit fait pour obtenir sa grace, ne se croyant pas engagé de tenir la promesse qu'il avoit faite, si on consentoit à l'entendre, ne balança pas de se rendre auprès de son amie, qui étoit la première à l'y appeler. Cependant, comme il craignoit que ce ne fût un piège, il s'arme, non pour se défendre contre Miranda qu'il regarde, malgré sa cruauté, comme son père, mais contre des hommes qu'il auroit pu aposter pour le surprendre. Il arrive dans le parc, et trouve tout dans la plus parfaite tranquillité. Théresia vient à sa rencontre. — Suivez-moi, lui dit-elle,

Dona Luce ne peut venir jusqu'ici; mettez cette cappe qui empêchera que vous ne soyez reconnu, si par hasard il se trouvoit quelqu'un dans les jardins ou aux environs du palais. Hurtado, ivre de joie de revoir l'idole de son cœur, fait tout ce que veut la duegne, qui le conduit dans son appartement, où bientôt il voit entrer Luce. Il la serre dans ses bras, soutient ses pas chancelans, et frappé de l'état de langueur où elle est encore, il en est pénétré; sa pâleur étoit extrême, ses yeux étoient éteins, moins par la maladie dont elle sortoit à peine, que par les larmes dont ils étoient noyés depuis que son père l'avoit instruite de sa fatale résolution : mais ils n'en avoient pas moins de pouvoir sur le cœur d'Hurtado ; et malgré les inquiétudes qui dévoroient ces amans, ils ne s'occupèrent d'abord que du bonheur de se revoir. Quand ce premier moment de joie fut passé, ils n'en revinrent que plus douloureusement sur leur triste situation, dont en vain ils cherchoient à démêler sa cause. Hurtado fit voir à Luce la lettre de son père ; il paroissoit si clairement instruit des rendez-vous et de la promesse de mariage, quoi qu'il ne l'articulât pas, que l'on ne pouvoit douter que ce ne fût ce qui avoit déterminé sa conduite avec Hurtado. Mais, comment Théresia restoit-elle auprès de Luce ? comment n'y avoit-il aucun obstacle à ces mêmes rendez-vous ? voilà ce que ces amans ne pouvoient concevoir, et dont l'infâme duegne étoit seule instruite ; mais elle étoit loin de vouloir leur expliquer cette énigme. Enfin, ils se séparèrent avec l'assurance qu'elle leur donna de se voir d'une nuit l'une ; car, dit-elle, je craindrois que la santé de Dona Luce ne souffrit de veiller constamment. Quelqu'amoureux que fût Hurtado, il fut le premier à consentir à cet arrangement, la conservation de son amie étant pour lui le premier des biens.

Luce heureuse de l'amour d'Hurtado et de pouvoir l'assurer du sien, reprit bientôt sa fraîcheur et sa tranquillité : elle ne prévoyoit rien; elle ne desiroit rien, ne pensoit point à l'avenir, et auroit voulu seulement fixer le présent. Son père qui la voyoit calme, espéroit que l'impression qu'Hurtado avoit faite sur son cœur, n'avoit été que passagère ; et il se félicitoit de la voir échappée au danger d'une passion malheureuse.

Hurtado espéroit toujours des bons offices de Borelli, et attendoit qu'un moment favorable lui permît de rentrer dans les bonnes graces du père de son amante. Son cœur étoit aussi tendre que celui de Luce, mais ses sens étoient ardens; il sentoit tout le prix d'être aimé, et la possession de l'objet de tous ses desirs manquoit à sa félicité. Chaque instant qu'il passoit auprès d'elle, ajoutoit à sa passion; et malgré tout le respect qu'elle lui inspiroit, malgré le témoin qui ne les quittoit pas, il avoit peine à modérer ses transports. Souvent Luce le voyoit agité, son regard devenoit sombre et étincelant; alors, elle redoubloit ses innocentes caresses, qui ajoutoient aux tourmens d'Hurtado; il étoit prêt à la repousser avec une espèce de fureur; puis, il tomboit à ses genoux, prenoit sa main qu'il mouilloit de larmes brûlantes. Luce, dont l'innocence égaloit l'amour, ne comprenoit rien aux inégalités de son ami. Qu'avoit-il qui pût le rendre si malheureux? elle n'osoit l'interroger : enfin, elle en parla à Théresia. C'étoit-là que les monstres qui avoient juré la perte de ces innocentes victimes, les attendoient; et comme on ne doutoit pas que les charmes et les caresses de Luce n'égarassent enfin la raison de son malheureux amant, on avoit dicté à Théresia la conduite qu'elle devoit tenir. — Vous êtes surprise, dit la duegne, des souffrances qu'endure votre ami, et moi, je suis bien plus étonnée qu'il ait pu commander si long-temps à ses transports : vous ne savez pas, mon enfant, que les hommes ne sont pas comme nous, que leur amour ne se concentre point dans les seules jouissances de l'ame, qu'il enflamme toutes les facultés de leur être, et qu'ils mourroient de la contrainte que notre vertu leur impose. — Quoi ! ma bonne, Hurtado mourroit, et j'en serois cause! — Ce ne seroit pas le premier, ma chère Dona ; mais, que voulez-vous ? ce n'est pas votre faute, vous ne pouvez rien faire pour lui de plus que ce que vous faites, l'honneur ne sauroit vous en permettre davantage. Luce soupira ; et quoiqu'elle ne comprit rien à ce que disoit Théresia, elle en étoit profondément affligée, lorsqu'elle pensoit qu'Hurtado pouvoit mourir d'amour pour elle; elle auroit voulu qu'il l'eût moins aimée, et toute fois elle ne trouvoit pas qu'il l'aimât plus qu'elle le chérissoit.

Hurtado qui sentoit que sa passion n'avoit plus de borne, et qu'il n'en seroit bientôt plus le maitre, avoit cent fois pris la résolution de renoncer à ces rendez-vous qui ne pouvoient plus qu'aigrir ses souffrances ; ne pas voir Luce lui paroissoit encore plus cruel : cependant, le feu de la jeunesse joint à celui de l'amour enflamme son sang; une fièvre violente l'accable : en vain il veut faire un effort pour se lever et se rendre à l'église des Ursulines, il lui est impossible ; il retombe sur son lit, compte inutilement toutes les heures de cette nuit perdue pour le bonheur.

Luce est dans une inquiétude mortelle, et supplie Théresia d'aller, dès le point du jour, savoir de sa sœur, si Hurtado n'a point paru au couvent, et de s'informer s'il est malade. Sa duegne consent à ce qu'elle desire, l'engage à se mettre dans son lit, et va droit chez Hurtado, enveloppée dans sa cappe. Les valets lui disent que leur maître est fort mal, et qu'il ne peut voir personne ; elle insiste, et entre : à peine l'apperçoit-il qu'il fait retirer tout le monde. — Ah! c'est vous, bonne et sensible Théresia ; quel ange vous a conduit ici? — J'y viens, dit-elle, par l'ordre de celle que vous adorez; son inquiétude est extrême. — Hélas ! vous voyez qu'il m'a été impossible de me rendre cette nuit auprès d'elle ; je brûle, je meurs ; rien n'égale mes tourmens ; mais je dois les souffrir sans me plaindre : pourrois-je desirer un bonheur qui causeroit des larmes à ma bien-aimée? Non, qu'elle conserve cette précieuse innocence qui met tant de prix à ses charmes, et que je souffre seul des maux qu'ils me causent. — Je ne puis, dit la duegne, qu'applaudir à des sentimens si délicats; mais, cependant, il faudroit bien trouver un moyen de ne pas mourir, et de ne point enlever à votre amante un bien au-dessus des plus brillantes couronnes. — Hélas ! il n'en est point. — C'est bientôt dit ; et moi, si j'en trouvois un extrêmement facile, et qui ne changeroit rien à votre situation actuelle ; n'êtes vous pas liés par une promesse de mariage, qui ne vous permet jamais de former d'autres nœuds; je sais qu'elle ne suffit pas devant Dieu pour jouir des plaisirs que l'hymen autorise : qui vous empêcheroit de vous marier secrettement ? le chapelain des Ursulines est l'ami de ma sœur, il béniroit votre union dans cette même chapelle souterraine que vous traversez chaque fois que vous vous rendez au palais ; alors, ce sera votre épouse avec qui vous viendrez passer ces nuits à présent si orageuses pour vous, et qui deviendront si douces.

—Ah! Théresia, s'écria Hurtado en l'embrassant avec transport, s'il étoit possible, rien n'égaleroit ma reconnoissance ; que je sois une nuit, une seule nuit l'heureux époux de Luce, et je consens à languir le reste de ma vie dans les tourmens.—Tranquillisez-vous, rétablissez votre santé, dans deux jours je reviendrai, et si tout succède à mes vœux, rien ne manquera à votre félicité.—C'est ainsi que ce monstre perfide, profitant de la violence de la passion d'Hurtado, l'amène à consentir à épouser secrettement celle, dont trois mois avant, il se reprochoit comme un crime, d'avoir obtenu une simple promesse sans l'aveu de son père. Et toi, Luce, toi que tes remords, pour une faute qui pouvoit se réparer, avoient conduite aux bords du tombeau, tu vas aussi te laisser entraîner aux derniers dégrés de la désobéissance, sans presque réfléchir. C'est ainsi qu'un premier tort amène aux plus graves par une pente insensible.

Théresia revient trouver Luce, et lui exagérant la maladie d'Hurtado, la met au désespoir.—Il n'est donc rien, ma bonne, qui puisse guérir mon ami, sans manquer à l'honneur? Si je faisois dire une neuvaine à Saint-Jacques de Compostel! — Ce moyen pourroit être bon, ma chère, il ne faut pas le négliger; mais il y en auroit un autre, si vous en aviez le courage, qui seroit bien aussi sûr; vous ne l'aurez pas, je vous connois. — Quoi! vous pouvez penser qu'il seroit en mon pouvoir de guérir Hurtado, et je ne le ferois pas, si je le puis, sans offenser dieu! — Je ne vous proposerois pas, mon enfant, d'encourir la damnation éternelle, et d'y tomber moi-même en punition du conseil que je vous aurois donné, mon dieu m'en préserve; au contraire, ce que je vous propose est un moyen approuvé par Saint-Paul, qui dit à ceux qui se trouvent dans la position où vous êtes, il faut mieux se marier que de brûler: or, Hurtado brûle, se consume, offense Dieu par des desirs qui ne sont pas légitimes; mariez-vous, tout sera dans l'ordre. — Mais, mon père! — N'êtes-vous pas déjà liée par une promesse de mariage sans son consentement? ainsi, c'est absolument la même chose. Je ne vous conseille rien, je vous dis ce que je ferois à votre place, et ce que l'église approuve. Quant au secret, il sera tout aussi sûr.-Luce se laissa facilement persuader, et s'en remit entièrement à Théresia, pour prendre toutes les précautions nécessaires à la réussite de ce fatal projet; et pourvu qu'Hurtado vive et soit heureux, elle n'en demande pas davantage.

Théresia qui disposoit de tout l'or de la marquise à qui la générosité de son époux n'en laissoit jamais manquer, va trouver sa sœur, l'engage d'obtenir du chapelain, moyennant une forte somme, qu'il célébreroit, à minuit, dans l'église souterraine le mariage de Don Hurtado et de Dona Luce Miranda. Le prêtre y consentit, et Théresia se chargea d'y envoyer quatre témoins; et étant retournée chez Hurtado, elle le trouva infiniment mieux, et comblé de joie en pensant que la nuit qui va suivre ce jour, lui assurera la possession de sa Luce.

Celle-ci n'est occupée que du bonheur de son amant; pas un retour sur les devoirs sacrés qu'elle viole; pas la moindre inquiétude sur les suites d'un mariage, qui, quoique secret, ne donne pas moins à son époux le droit de la rendre mère. Elle a quinze ans, elle aime avec idolâtrie; elle ne pense qu'à rendre heureux celui qu'elle adore, tout le reste disparoit à ses yeux. Cependant, lorsqu'il fallut sortir du palais pour se rendre avec Théresia à l'église des Ursulines, son courage l'abandonna, non qu'elle fût troublée par l'idée d'offenser son père, mais par la crainte d'être rencontrée par lui-même au moment où elle seroit obligée de franchir le mur. Il croira, disoit-elle, que je veux le fuir, moi qui veux passer ma vie près de lui, et partager toutes les affections de mon cœur entre le meilleur des pères et l'époux le plus aimable : mais Thérésia l'assura qu'il n'y avoit rien à craindre ; que depuis trois mois qu'elle traversoit le parc presque toutes les nuits, elle n'avoit jamais rencontré personne, et qu'il seroit bien extraordinaire que pour une seule fois où Luce seroit forcée de faire le même chemin, Don Miranda qui ne se promène jamais après le coucher du soleil, se trouvât sous ses pas. Elle ne savoit pas que sa cruelle ennemie veilloit pour la garantir de toutes surprises, et faisoit par haine ce qu'elle eût pu faire par la foiblesse de l'amitié. Depuis les rendez-vous d'Hurtado, Dona Miranda avoit donné l'ordre que toutes les clefs des portes et des jalousies de la maison fussent déposées les soirs dans son appartement: celles de Luce n'en étoient pas exceptées; Théresia les reprenoit lorsque tout le monde étoit retiré; ainsi, il n'y avoit que la duegne qui pût entrer dans le parc par un escalier dérobé qui descendoit de son appartement sur la terrasse. Luce la suit, et le moindre bruit la fait tressaillir. — Mais, comment pourrai-je monter à l'échelle? — J'y ai pourvu, dit l'adroite duegne; et en effet, elle vit une breche au mur qu'elle franchit sans la moindre difficulté. — Ne craignez point, dit-elle à sa pupille, dès que vous serez rentrée au palais, elle sera refermée. C'est ainsi qu'on rendoit facile le sentier qui conduisoit Luce à sa perte.

En entrant dans l'église, elle se sentit frappée d'une terreur qui sembloit un avertissement du ciel de ne pas poursuivre ; ses genoux se déroboient sous elle, elle tomba involontairement sur les marches de l'autel, ses bras s'élevèrent ; Théresia l'entendit distinctement proférer ces paroles : O ! mon Dieu, en t'appelant pour témoin du serment que je fais d'adorer toujours l'époux que ton ministre va me permettre d'aimer, pourrois-je t'offenser ? d'où vient ce trouble qui s'élève dans mon cœur ! est-ce donc un crime que de m'unir à lui ! Théresia, qui trembloit qu'elle ne revînt sur ses pas, la força de se lever, en lui disant qu'Hurtado l'attendoit dans la chapelle souterraine. Ce nom écarte toutes ses craintes ; elle descend d'un pas ferme les dégrés, et trouve la chapelle parée, le ministre, son amant et quatre témoins qu'elle ne connoissoit pas. Hurtado vient au-devant d'elle; il la presse contre son cœur, et la fait placer sur un carreau que l'on avoit mis au pied de l'autel. Le chapelain commence les prières et reçoit le serment des époux : ils se jurent une fidélité éternelle. Hélas ! rien n'a rompu cet engagement, et la mort même n'a pu les désunir. Dès qu'ils eurent reçu la bénédiction du prêtre, Hurtado s'empressa de regagner le palais. Déjà il jouit du bonheur que l'amour et l'hymen lui assurent; il presse les pas tardifs de Théresia; il porte dans ses bras sa jeune épouse. Enfin, ils sont arrivés à la porte de la duegne, qui se dispose à les laisser seuls dans sa chambre et à se retirer dans l'appartement de Luce : celle-ci la retint, sa pudeur lui fait redouter ces momens qu'Hurtado desire si vivement. La vieille s'échappe, et l'heureux époux, sans témoins, n'a plus à vaincre que cette douce résistance que l'instinct de la nature a donné à tous les êtres foibles pour ajouter aux plaisirs de leurs vainqueurs. O ! nuit ! nuit fortunée, que votre souvenir console un jour ces époux malheureux : jouissez des seuls momens de félicité que vos ennemis vous laisseront. Vous êtes coupables envers un père qui méritoit d'être obéi; mais vos cœurs sont purs, et vous ne cédez qu'à cet attrait enchanteur de l'amour qui ne connoît aucune des conventions de la société. Hélas ! ces conventions eussent ajouté à leurs jouissances, si des méchans ne les avoient pas privées de leur grand charme. Qu'auroit-il manqué à leur bonheur, si Luce avoit reçu son amant des mains de son père ? L'ivresse des plaisirs, la certitude d'avoir tout fait pour un époux adoré, ne laissa plus à son épouse la faculté de réfléchir ; et son ame toute à l'amour ne voyoit rien dans l'univers que son cher Hurtado.

La duegne vint les avertir qu'il falloit se séparer. Hurtado demandoit qu'au moins il lui fût permis de venir toutes les nuits ; mais Théresia qui n'étoit pas d'avis de les passer sans dormir, ne voulut point consentir à rapprocher ces momens fortunés : il falloit donc être deux jours sans se réunir ; et deux siècles eussent été moins longs pour eux.

Luce, embellie des roses du plaisir, parut le lendemain aux yeux de la marquise, si brillante, que sa rage contre elle en redoubla. Elle avoit compté avec fureur les heures délicieuses qu'elle avoit passées dans les bras d'Hurtado ; Hurtado qui inspiroit tant d'amour à Dona Miranda, si l'on peut donner ce nom à une passion criminelle, qui, malgré tous les maux qu'elle lui avoit déjà causés, ne pouvoit arracher son image de son cœur..... Elle enflammoit ses sens. L'idée d'être à lui l'occupoit plus fortement que celle de sa vengeance contre son épouse. En vain, elle la combat ; rien ne peut l'en détourner. Borelli la presse d'exécuter le projet que ces monstres ont formé, et qui doit anéantir le bonheur de Luce, en lui arrachant pour jamais la tendresse de son père. La marquise dit qu'il faut différer quelque temps; qu'en laissant ces deux époux goûter à longs traits le bonheur dont ils s'enivrent, ils sentiront encore plus les maux qu'ils leur préparent; que, d'ailleurs, sa vengeance seroit imparfaite, si elle n'étoit pas assurée, avant de s'y livrer, que Luce porteroit dans son sein le gage de sa désobéissance. Ce rafinement de cruauté ne pouvoit qu'être approuvé par la perfidie italienne ; ainsi, il consentit à laisser la marquise maîtresse de fixer elle-même le moment d'exécuter leur complot.

Elle avoit un double intérêt à gagner du temps ; elle conservoit l'espoir de ne pas être privée pour toujours d'Hurtado, et d'avoir plus de facilité à le séduire, lorsque rassasiée des plaisirs faciles qu'elle lui procureroit, il auroit perdu cet enthousiasme qu'inspire un nouvel objet ; et n'ayant jamais connu le véritable amour, elle jugeoit le cœur d'Hurtado, comme celui de ces hommes en qui la possession éteint les desirs. Elle laissa donc écouler plus de deux mois avant de faire aucune démarche. Dès le premier, tout pouvoit faire croire que Luce seroit mère ; ces soupçons se changèrent en certitudes, et Théresia calma les inquiétudes de Luce, en l'assurant qu'elle répondoit de trouver des moyens de dérober à tous les yeux cet enfant chéri. Luce vouloit tout avouer à son père. Hurtado trembloit d'exposer sa compagne à une scène si dangereuse dans son état. La duegne, surtout, la détournoit d'un projet qui auroit, disoit-elle, les plus terribles conséquences. Ainsi, tout ce qui auroit pu servir à conjurer l'orage qui menaçoit ces amans, cet être malfaisant les empêchoit d'en profiter.

Au contraire, l'insidieuse marquise tiroit parti de toutes les circonstances, et se promit bien de ne pas négliger d'employer avec succès les inquiétudes que l'état de Luce causoit à son mari pour l'amener à ses fins ; elle convint donc avec

Théresia de faire écrire à Hurtado, par la même main qui avoit tracé le premier billet, celui-ci :

Billet de la duegne à Hurtado.

Le 5 octobre 1527.

« Des raisons que l'on vous ex-
» pliquera, mais qui n'ont rien d'a-
» larmant, ne permettent point
» que vous traversiez les cloîtres :
» rendez-vous aussitôt que vous au-
» rez reçu ce billet, sous le bois
» d'orangers près la porte de Séville,
» vous y trouverez un guide sûr, qui
» vous conduira vers l'objet qui
» vous adore ».

Hurtado reconnoissant l'écriture de ce billet qui étoit la même que le premier qu'il avoit reçu, et qui lui est remis de même par la sœur de Théresia, est sans défiance; il se rend sous le bois d'orangers. Un homme enveloppé dans un manteau lui dit de le suivre : il ne comprend pas quel est ce nouveau confident; cependant, il croit le reconnoître, et persuadé qu'il est un des témoins qui ont assisté à son mariage, il lui fait quelques questions auxquelles il ne répond rien. Ils suivoient un sentier couvert de mousse, bordé d'orangers dont les fleurs exhaloient les plus doux parfums. L'air étoit calme, et le ciel parsemé d'étoiles étoit sans nuages : tout portoit à une mélancolie délicieuse, et Hurtado, tout occupé du bonheur de voir son épouse qui lui étoit devenue plus chère depuis qu'il avoit la certitude qu'elle doubleroit son être, n'aspiroit que d'arriver au nouvel asyle qu'elle paroissoit avoir choisi, sans qu'il pût en pénétrer la raison; mais ayant toujours éprouvé la prudence de Théresia, et rien depuis six mois n'ayant contrarié ce qu'elle avoit conduit, il étoit sans crainte.

Enfin, il apperçoit un petit pavillon environné d'un fossé d'eau vive, dont l'entrée étoit fermée par un pont-levis, qui, à un signal que fait son guide, s'abaissa; il le traverse. Son conducteur reste de l'autre côté, et s'éloigne. Dès qu'Hurtado est entré dans la cour, le pont se relève. Une femme qu'il prend d'abord pour Théresia, vient à sa rencontre; mais il voit bientôt que ce n'est pas elle. — Soyez le bien venu, seigneur Hurtado, ma maîtresse vous attend. Il entre dans un salon richement décoré: la femme qui l'avoit introduit le fait passer dans une chambre à coucher, et ressort au même instant. Hurtado ne comprend rien à tout ce qu'il voit. A qui est cette maison?

où est Luce ? Il alloit l'appeler, quand les rideaux qui fermoient l'alcove s'ouvrent, et il en voit sortir Dona Miranda. Qu'on se figure sa surprise et son effroi ; tout ce qu'il avoit à redouter se peignit à l'instant à son esprit troublé. Celle-ci qui avoit le sang-froid du crime, s'empresse de bannir ses craintes ; et tendant à Hurtado la plus belle main du monde, elle lui dit du ton le plus doux:— Cessez de redouter, seigneur Hurtado, celle qui pour vous voir un instant, s'expose aux plus grands dangers, et s'est occupée de les éloigner de vous ; c'est ce qui fait que je vous reçois dans cette maison que j'ai achetée exprès, plutôt que dans mon palais, dont mon époux peut savoir que je suis sortie ; mais, au moins, il ne saura pas que c'est pour vous : ainsi, vous êtes à l'abri de tous périls. Je vous aime, Hurtado; vous avez feint de ne pas vous en appercevoir : enivré d'une folle passion pour Luce, vous m'avez dédaignée, je l'ai souffert sans me plaindre ; mais j'ai été attentive à vos moindres démarches ; et vos rendez-vous dans le parc, et la promesse de mariage, et plus encore, cet hymen secret dont Luce porte dans son sein le gage, rien n'a échappé à mes recherches. Je puis vous perdre, perdre celle que vous adorez, faire traîner au supplice l'infâme Théresia, pour avoir abusé de la confiance du marquis ; mais aussi, je puis assurer votre bonheur, en faisant consentir Don Miranda à votre mariage ; l'un m'est aussi facile que l'autre, et ne dépend que de vous : consentez à partager mes transports, que nos plaisirs sous l'ombre du mystère soient ignorés de l'univers entier : je vous assure Luce avec une dot proportionnée à l'éclat de sa naissance, et une des premières places à la cour. Elle s'arrêta, et attendit la réponse d'Hurtado, qui, réunissant toutes les puissances de son ame pour vaincre l'horreur que cette femme, malgré sa beauté, lui inspiroit, reprit avec la modération de la vertu : — Je vois, madame, que mon sort dépend de vous ; et ce qui porte le désespoir dans mon ame, non-seulement le mien, mais celui de mon épouse et de mon enfant ; car, ce seroit en vain que je chercherois à désavouer ce que vous ne savez que trop : cependant, dussions-nous souffrir mille morts, je n'acheterai pas au prix de l'infamie, un bonheur qui n'existeroit plus pour moi, puisqu'il seroit le prix d'un crime. Vous êtes belle, jeune, faite pour inspirer de l'amour ; mais vous êtes la femme du père de la mienne : je ne joindrai pas l'inceste à un double adultère. Perdez des cœurs innocens, qui n'ont à se reprocher que de s'être laissé entraîner à l'ardeur de leurs penchans, mais qui ont appelés le ciel à témoin de leur serment; qui, aux yeux de la société sont coupables, mais que le père de la nature ne peut punir d'avoir suivi ses lois. Mais, non, ajouta-t-il en se jetant à ses pieds, vous aurez pitié de celle qui, jusqu'à présent, vous a regardé comme sa mère; vous aurez pitié de vous-même : oui, de vous-même; car, que pourriez-vous retirer de nos malheurs? comment pourriez-vous supporter les remords qui vous poursuivroient? Pourquoi troubleriez-vous le repos d'un époux qui mérite tous les égards? et..... Dona Miranda, dont la rage ne pouvoit plus se contraindre, ne lui laissa pas le temps d'en dire davantage; elle le repousse avec fureur, et l'accable d'injures les plus atroces. — Oui, tu périras, s'écria-t-elle ; tu le veux : n'en accuses que toi. Semblable à une lionne dont on a enlevé les petits, elle pousse les cris les plus aigüs ; elle marche sans savoir où elle porte ses pas ; puis, elle s'arrête tout à coup, porte les yeux sur Hurtado, les détourne aussitôt avec effroi : enfin, cédant à l'accablement qui succède à la violence des passions, elle s'asseoit ; un torrent de larmes coule de ses yeux ; puis, tombant à son tour aux genoux d'Hurtado, elle le conjure par tout ce qu'il a de plus cher, de ne pas la réduire au désespoir. — Songe, lui disoit-elle, que de toi seul dépend le destin de ma vie ; que je t'adore ; que je ne te demande que de la pitié : dis-moi qu'un jour tu seras sensible à mes tourmens ; laisse-moi seulement espérer,

espérer, et j'assure la félicité de ma rivale. Hurtado, humilié pour elle-même de l'abaissement où cette femme orgueilleuse se réduisoit, s'empresse de la relever; mais il lui est impossible de chercher à la tromper. Sa loyauté ne lui permet pas de trahir les sentimens de son cœur. — Que parlez-vous de pitié? est-ce donc à vous, madame, de la réclamer! méritez mon respect, mon attachement, en vous rendant maîtresse d'une passion criminelle : reprenez le rang qui vous convient; protégez-nous; ramenez à moi le cœur du père de Luce; que nous vous devions notre bonheur! et je jure, par ce qu'il y a de plus sacré, que j'oublierai cet instant d'égarement pour ne voir en vous qu'un objet digne de toute ma reconnoissance et de toute ma vénération. — Non, non, tu ne l'oublieras pas, reprit-elle avec le sourire de l'indignation, ce moment d'égarement, je prendrai soin par les suites affreuses qu'il aura, que jamais il ne s'efface de ta mémoire. Sors, homme sauvage et barbare; applaudis-toi de ta cruelle vertu; bientôt tu en recueilleras les fruits, et tu regretteras de m'avoir contrainte à te traiter en ennemie. Elle dit; et ouvrant elle-même la porte de sa chambre, elle ordonna qu'on baissât le pont-levis et qu'on laissât sortir Hurtado.

A peine a-t-il mis le pied sur l'autre côté du fossé, qu'il éprouve une joie secrette d'être échappé aux séductions de cette femme perverse; mais bientôt, réfléchissant à ses dernières paroles, il sent son courage prêt à l'abandonner. Ce n'est pas pour lui qu'il tremble; mais sa femme, l'enfant qu'elle porte dans son sein, restent sous la puissance de son ennemie; car, il ne peut douter qu'il n'en aura jamais de plus cruelle que Dona Miranda. Il se reproche de n'avoir pas essayé de la fléchir ; il ne devoit pas braver celle qui peut lui faire souffrir mille morts en accablant son amie du poids de sa colère : comment pourra-t-il la soustraire à sa vengeance ? Il veut essayer de pénétrer dans le palais, d'y rentrer avant que la marquise soit de retour, aller se jeter aux pieds de Don Miranda, remettre son sort dans ses mains.

Il se hâte de regagner la porte de la ville ; mais il arrive qu'elles sont fermées : au moins, dit-il, cette nuit la marquise n'aura pu consommer sa vengeance ; je suis certain qu'elle n'est sortie qu'après moi ; ainsi, elle n'aura pu rentrer dans la ville, je puis être avant elle au palais. Il se couche dans les fossés ; mais le sommeil n'approche point de ses paupières. Sans cesse il voit Luce baignée dans les larmes : qu'aura-t-elle pensé de son absence ? Le croit-elle capable de l'oublier ? Mais que les tourmens de cette nuit seront foibles en comparaison de ceux qui l'attendent lorsque la marquise sera de retour.

Dès l'aurore, Hurtado observe tous ceux qu'il voit passer ; il ne distingue personne qui ressemble à Dona Miranda. Enfin, les portes s'ouvrent ; il court, il vole à celle du palais ; tout y est encore plongé dans le plus profond sommeil : ce calme le rassure ; il espère que rien n'a troublé celui de sa compagne ; il ne sait pas que ce n'est point sur elle que doivent se porter les coups de ses ennemis ; il ne sait point que la marquise y a passé la nuit ; que la maison où elle l'a reçu et qui lui a paru entourée d'eau, tient aux fortifications de la ville, qu'un souterrain communique dans une autre, voisine du palais ; qu'elle est habitée par des hommes qui lui sont dévoués, et dont un a conduit Hurtado au pont-levis; que dans cette maison il y a une porte secrette qui rend dans l'appartement de la marquise: c'est par là que, sans être connue de ceux qu'elle y faisoit venir, elle s'échappoit à la surveillance de Borelli, et se dédommageoit d'une constance que la complicité de leur crime rendoit nécessaire. Là, elle eût joui, sans crainte et sans remords, des plaisirs qu'elle se promettoit, en rendant Hurtado sensible. Mais il a osé lui résister, ayant pour jamais abjuré la passion qui, seule, avoit suspendu sa vengeance. Elle n'attend plus que le réveil de son complice pour convenir du moment de l'exerçer. Les portes du palais s'ouvrent enfin ; et l'époux de Luce espère qu'enveloppé dans son manteau il pourra y entrer. Il demande Borelli : mais les estafiers le reconnoissent ; l'ordre est précis pour ne point le laisser pénétrer. Il ne peut obtenir d'eux de parler à qui que ce soit : il veut attendre, au moins, que quelqu'un sorte, Borelli, Théresia, le marquis lui-même. Il veut être instruit de son sort, de celui de son épouse. L'incertitude est le plus grand des maux.

La marquise qui avoit imaginé que ce seroit le parti qu'il prendroit, et ayant le plus grand intérêt de l'éloigner pendant quelques jours, dit à la perfide Théresia de voir s'il n'est pas aux environs du palais, et si elle l'apperçoit, de passer près d'Hurtado, qui, la voyant, se hâte d'aller vers elle ; mais Théresia feignit de ne pas le reconnoître. Il veut lui parler ; elle refuse de lui répondre, et s'éloigne : il la suit ; et lorsqu'elle ne peut plus être apperçue de ceux qui étoient à la porte du palais, elle s'arrête : — O ! malheureux jeune homme, lui dit-elle, que venez-vous chercher dans ces funestes lieux ? retournez promptement chez vous, je vais m'y rendre par un autre chemin, je vous instruirai de tout. — Ah ! par pitié, dites-moi ce que devient Luce? — Elle existe encore, voilà tout ce que je puis vous dire; craignez qu'on ne s'apperçoive que je vous aie parlé. Hurtado peut à peine se rendre chez lui ; ces seuls mots lui en avoient appris plus qu'il n'en auroit voulu savoir : cependant, il arrive, et attend avec la plus grande terreur ce que la duegne va lui dire. Elle ne tarde pas à venir ajouter à ses tourmens, par la fausse relation que la marquise l'a chargée de lui faire. — Tout est perdu, dit-elle en entrant, Don Miranda est instruit de tout ce qui s'est passé. Il est entré ce matin dans la chambre de Dona Luce, qui avoit passé la nuit dans la plus mortelle inquiétude en ne vous voyant pas arriver ; il écumoit de colère. Il lui a reproché, dans les termes les plus durs, sa désobéissance et son ingratitude ; il n'a rien voulu entendre pour sa justification. Cependant, il a ajouté : je puis encore vous pardonner, mais ce n'est qu'à une condition ; c'est qu'Hurtado sorte à l'instant de Cordoue, et que jamais vous n'ayez aucune relation avec lui. Quant à l'enfant que vous portez, je m'en charge ; il sera élevé dans une de mes terres, et on ensevelira son nom et sa naissance. Voyez, fille dénaturée, si vous voulez à ce prix rentrer en grace auprès de moi ; sinon, je livre, à la rigueur des lois, votre séducteur et l'infâme duegne qui a abusé de ma confiance. Luce, éperdue, n'a su que se soumettre à la rigueur de la loi que son père lui imposoit. Votre danger la fait frémir; elle vous demande de céder, pour le moment, à cet orage, de compter sur sa fidélité et sur son amour, et d'être bien sûr que si elle peut résister au malheur d'être séparée de vous, elle ne vivra jamais que pour son cher Hurtado ; c'est tout ce qu'elle a pu se permettre de me dire pour vous, son père m'ayant ordonné de quitter son palais à l'instant. Sur-tout, Luce vous demande en grace d'éviter Don Miranda ; ce seroit, dit-elle, vouloir sa mort, que de vous exposer à la fureur de son père. Je ne sais qui a pu vous trahir ; jamais Don Miranda n'a voulu le dire. — Hélas ! je le sais bien, s'écria douloureusement Hurtado ; mais je ne me vengerai pas du mal affreux que l'on me cause, en trahissant cet horrible secret. Dites à Luce qu'elle soit tranquille, que je me soumetterai à la loi qu'elle a souscrite, et que sans espoir je trainerai ma douloureuse existence. — Ah ! comment voulez-vous que je le lui dise ; je ne la reverrai plus ; je n'adoucirai point par mes soins les maux que je lui ai causés, et c'est ce qui me désespère ; mais il faut se soumettre à la rigueur de son sort. Adieu, seigneur, je vais me retirer dans ma famille, où je pleurerai, jusqu'à la mort, les suites d'un zèle inconsidéré qui nous a tous perdus. — Hurtado, tout affligé qu'il étoit, chercha à modérer la feinte douleur de Théresia, et la força d'accepter cent piastres pour les frais de son voyage, l'assurant qu'il étoit bien malheureux de ne pouvoir lui offrir davantage ; mais que s'il étoit un jour réuni à sa compagne, ils la dédommageroient de ce qu'elle perdoit pour avoir servi leur amour. Elle le quitta avec toutes les marques de la reconnoissance et de la plus profonde affliction ; et sortant de Cordoue par la porte de Séville, elle rentra dans le palais par la galerie souterraine du pavillon, sans qu'Hurtado pût s'en douter.

Tout y étoit encore dans la plus grande tranquillité. Luce même n'avoit aucune inquiétude de son époux. Théresia, par l'ordre de la marquise, avoit prévenu sa pupille qu'elle seroit plusieurs nuits sans le voir, à cause des réparations que l'on faisoit dans les cloitres, qui rendoient le chemin impraticable. Ainsi, elle n'éprouvoit que la tristesse d'être séparée de celui qu'elle aimoit, sans avoir le moindre doute de l'orage qui grondoit sur sa tête ; seulement, elle pria la duegne d'aller voir son ami, de lui donner de ses nouvelles et de lui en rapporter des siennes. Elle auroit bien voulu lui écrire, recevoir de ses lettres; mais Théresia avoit exigé qu'ils ne confieroient jamais un secret aussi important, au hasard d'un billet que mille accidens imprévus pouvoient faire tomber dans les mains de Don Miranda.

Dès que Théresia eut rendu compte à la marquise de l'exécution de ses ordres, elle passa chez Luce à qui elle dit, de la part de son époux, les choses les plus tendres. Celle-ci descendit chez son père à l'heure accoutumée ; il la reçut avec la même tendresse. La seule chose qui l'affligea, c'est qu'il lui témoigna le desir qu'il avoit de la marier : c'étoit la première fois depuis sa rupture avec Hurtado, qu'il avoit paru s'occuper de l'établissement de sa fille ; et quoiqu'il n'en parlât que d'une manière vague, cette seule pensée porta dans l'ame de l'épouse de Sébastien une profonde tristesse. Son père s'en apperçut ; et jugeant que son affection pour le premier objet qui l'avoit touchée, n'avoit pas été aussi légère qu'il l'avoit imaginé, il se reprocha d'avoir réveillé sa douleur : il chercha à la rassurer, et lui promit que jamais il n'exigeroit rien de son obéissance qui pût la rendre malheureuse ; qu'elle seroit toujours maîtresse de refuser celui qu'il lui présenteroit, si elle ne sentoit pas qu'elle pût l'aimer. Cette assurance la calma ; et comparant les discours de son père avec ce que

Théresia lui avoit dit de cet époux qu'on devoit la contraindre d'accepter, elle pensoit que sa duegne avoit, au moins, jugé bien légèrement les intentions d'un aussi bon père. Alors, elle se reprocha sincèrement sa conduite envers lui, et ne pensa plus qu'aux moyens de la réparer. Elle profita du temps que l'absence d'Hurtado alloit lui laisser, pour écrire le détail le plus exact de toutes les circonstances qui avoient amené son mariage. Elle portoit toujours sur elle cet écrit, dans la crainte que Théresia ne pût s'en appercevoir. Hélas! ces preuves de l'innocence de Luce seront un jour remises sous les yeux de son malheureux père; mais elles ne serviront qu'à rendre ses regrets plus cuisans, sans pouvoir réparer des maux irréparables.

Ma plume s'arrête; je ne me

sens pas le courage de continuer ce triste récit. Quels crimes je vais tracer ! quelles peintures déchirantes à présenter au lecteur ! Mais comment pourrois-je en diminuer l'horreur ! Ce n'est point ici une fiction dont il soit possible d'adoucir le douloureux tableau. C'est la vérité, l'affreuse vérité que je présente; puisse-t-elle au moins offrir quelques leçons utiles, et apprendre aux ames honnêtes, mais foibles, à se garantir des pièges des méchans!

Depuis long-temps, Don Miranda projetoit d'aller dans ses terres où ses affaires l'appeloient : la maladie de sa fille, puis les sollicitations de la marquise, qui vouloit que ce voyage ne se fit qu'au temps où elle pourroit le faire servir à l'exécution de ses projets, le lui avoit toujours fait remettre : enfin, il l'annonce pour le lendemain, et malgré les feintes larmes de sa femme, qui ne peut, dit elle, se défendre d'un pressentiment douloureux, il en ordonne les apprêts. Luce, qui n'a pas encore achevé le travail qu'elle a entrepris, est désolée du départ de son père, qui la force à remettre à son retour ce dont elle espère le repos de sa vie. Que fera-t-elle ? vaincra-t-elle son extrême timidité ? lui dira-t-elle ce qu'elle n'a pas encore écrit ? mais ce ne seroit pas l'instant ; elle n'auroit pas celui de le convaincre, d'employer auprès de lui ces douces caresses de la nature, auxquelles un père résiste si difficilement. Il faut donc attendre son retour. Mais combien les pensées qui agitent son cœur rendent ses adieux douloureux : elle ne peut s'arracher de ses bras ; elle le retient au moment où il est prêt à monter à cheval ; elle ne peut quitter la main qu'il lui tend encore de dessus son fier coursier qui s'impatientoit de ses retards, hennit, gratte du pied la poussière. Miranda, qui connoît la fougue de cet animal indomptable pour tout autre que son maître, et craignant qu'il ne blessât Luce, lui ordonne de se retirer. Elle obéit, mais ses yeux qui se remplissent de pleurs ne peuvent le perdre de vue. Ah! fille imprudente! tu pleurs; mais quelle seroit ton désespoir, si tu savois que c'est la dernière fois que ton père aura reçu les témoignages de ta tendresse, et que tu ne le reveras plus que pour lui entendre prononcer sur ta tête le plus terrible des anathêmes.

Hurtado, n'ayant point d'espoir de pénétrer dans le palais, ni d'avoir des nouvelles de Luce (car, il croyoit Théresia partie pour le royaume de Léon,) Borelli ne venoit point chez lui; en vain, l'avoit-il cherché dans tous les lieux publics, il n'avoit pu l'appercevoir; rien ne pouvant donc le retenir à Cordoue, et voulant donner au marquis de Miranda une preuve de son obéissance, il se décide à retourner dans sa maison de campagne près de Séville, pour laisser au temps à calmer la colère de Miranda. Il y étoit de la veille, quand Don Nuno de Lara y arriva : le bonheur de revoir un ami si cher, suspendit un instant sa douleur; il épancha dans son sein ses plus secrettes pensées. Lara soupçonna dans cet enchaînement de circonstances, un infernal complot, et lui promit de tout entreprendre pour désabuser Don Miranda. Cependant, il ne lui dissimula pas qu'il avoit tout à redouter de la belle-mère de Luce; et en approuvant le courage qu'il avoit eu de résister à ses infâmes propositions, il auroit voulu qu'il l'eût assez ménagé pour se procurer au moins des armes contr'elle, et retarder l'effet de sa vengeance. Une chose qui avoit frappé Hurtado, et dont il fit part à Lara, c'est qu'avant de sortir de Cordoue, il avoit été acosté par quatre hommes supérieurement montés et armés jusqu'aux dents. — Ils étoient, dit-il, enveloppés dans leurs manteaux, et leurs chapeaux rabattus sur leurs yeux; cependant, leur physionomie ne m'est point inconnue; ils ont affecté de me parler plusieurs fois, quoique je leur répondisse à peine, et sur-tout en passant devant la garde de la porte; ils m'ont suiv fort long-temps sur la grande route se rangeant à mes côtés. Je m'attendois toujours qu'ils m'attaqueroient, j'avois même fait signe à deux valets qui m'accompagnoient, de se tenir sur leurs gardes. Soit que les brigands eussent vu que, quoique moins nombreux, nous pourrions au moins vendre chèrement notre vie, soit qu'ils n'eussent point le dessein que je leur soupçonnois, arrivés à un chemin creux qui traverse la route, ils l'ont pris, et nous ont laissés continuer celle que nous suivions. Je m'attendois à les retrouver à l'entrée du bois; je tenois mes armes prêtes et mes gens aussi; cependant, nous n'avons rien apperçu. Lara n'augura pas bien de cette rencontre; il étoit persuadé que la marquise attenteroit aux jours de son ami: il n'imaginoit pas que cette vengeance eût été trop douce, et que la mort d'Hurtado n'auroit été pour elle qu'un foible dédommagement du mépris qu'il lui avoit marqué.

Don Miranda suivoit le chemin qui conduit à Mérida, aux environs de laquelle étoient situés ses domaines. Tout occupé de presser les affaires qui l'appeloient pour rejoindre plutôt sa Luce, dont les témoignages de tendresse au moment de son départ avoient en quelque sorte augmenté la sienne, le jour commençoit à tomber, et ses gens lui conseillèrent de ne pas s'engager dans les montagnes de la Siera-Moréna qui séparent l'Andalousie de l'Estramadure, qui étoient infectées de brigands. Don Miranda dit qu'il avoit encore le temps de les franchir avant la nuit; que d'ailleurs, ils sont en assez grand nombre pour ne pas être attaqués, et continue sa marche. Les chevaux qui avoient fait une journée très-forte, ralentissoient leur pas; et le soleil avoit quitté l'horison, lorsque parvenus à une vallée où il ne se trouvoit aucune habitation, quatre hommes sortent d'une caverne, déchargent leurs carabines, et blessent le cheval de Don Miranda qui tombe sur le coup. Partie des gens du marquis s'empresse à relever leur maître, les autres engagent un combat sanglant contre les assassins ; trois prennent la fuite, un seul est arrêté et conduit à Don Miranda, qui, étourdi du coup, étoit à quelques pas sur la pelouse où il reprenoit ses sens. —Malheureux, dit-il à son assassin, qui peut te porter à faire un aussi abominable métier ! est-ce la soif de l'or ! n'est-il donc point de moyen de t'en procurer sans attenter à la vie de tes semblables ! — Ne me confondez pas, reprit avec une sorte de fierté cet homme, avec les brigands qui désolent ces montagnes ; ni moi, ni mes camarades ne sommes de leur troupe ; et si vous me promettez la vie et la liberté, je vous dirai ce qui nous a déterminés à vous attaquer. — Je te le promets, foi de chevalier, répondit le marquis. — Eh bien! sachez que vous avez un ennemi qui vous poursuivra jusqu'au tombeau; qui n'ayant pu parvenir jusqu'à vous, après vous avoir inutilement attendu dans Cordoue, avoir fait l'impossible il y a environ cinq jours pour entrer dans votre palais, dans le dessein de vous assassiner et de profiter du trouble pour enlever votre fille: n'ayant pu réussir à ce qu'il vouloit, et ayant appris que vous alliez faire un voyage en Estramadure, il est venu nous trouver, et nous a proposé de venir avec lui à Séville, où il nous communiqueroit ce qu'il attendoit de nous. Nous sommes partis avec lui il y a trois jours, et l'avons suivi jusqu'au chemin creux: là, il nous a envoyé dans les montagnes de Siera-Moréna, où il étoit sûr que vous deviez passer. Il a continué sa route jusque chez lui, où nous devions aller lui rendre compte du succès de notre entreprise. Il ne croyoit pas que votre escorte seroit aussi nombreuse; connoissant pour nous avoir employé plusieurs fois ce dont nous étions capables, il se flattoit que nous le délivrerions de celui qui s'oppose à ses desseins. — Mais, dit Miranda, qui commençoit à avoir de violens soupçons, la seule chose que vous ayez oublié et qui est laplus importante, c'est de me nommer le scélérat. — Son nom, seigneur, vous est inutile à savoir. — Il m'importe tellement, que si vous ne me le dites pas, je suis dégagé d'une parole que je vous ai donnée peut-êtretroplégèrement, et je vais vous faire conduire dans les cachots de Cordoue. Cet homme paroissant céder à la crainte. —

Je

Je vois bien, dit-il, qu'il faut que je revêle cet horrible secret. C'est Hurtado ; et ce qui fait frémir la nature, c'est que votre fille, qui me connoît bien, a consenti à votre mort dans l'espoir d'être à lui. Ils se voyoient d'abord tous les jours dans le parc, et à présent chez Théresia ; c'est-là qu'ils ont conçu cet infernal projet. Voilà, seigneur, tout ce que je puis vous dire, et que je suis prêt d'affirmer devant les coupables ; espérant toutefois de votre magnanimité que vous me tiendrez la parole que vous m'avez donnée que vous ne me livreriez pas à la justice.

Miranda ne savoit ce qu'il entendoit ; il ne lui paroissoit pas étonnant qu'Hurtado eût attenté à sa vie, Galettas lui avoit marqué qu'il étoit familier avec tous les crimes ; mais que sa fille, sa fille, l'unique objet de toutes ses affections, eût trempé dans cet infâme complot, voilà ce qu'il ne pouvoit imaginer. Quoi ! disoit-il, les larmes qu'elle répandoit au moment de mon départ, étoient donc un moyen pour me tromper ! Mais, non, la malheureuse n'est pas encore endurcie dans le crime, elle frémissoit du danger que j'allois courir; la voix de la nature se faisoit entendre encore dans son cœur; mais elle l'a pour jamais fait taire dans le mien. Fille ingratte et parricide, crains, crains la colère d'un père qui te punira en proportion de la folle tendresse qu'il avoit pour toi. Il ordonna à un de ses gens de faire monter en croupe ce meurtrier, en l'attachant avec des courroyes; et prenant pour lui le cheval de son écuyer qui monta celui de l'assassin, il retourne sur ses pas: il faut toutefois qu'il s'arrête dans un village au pied des montagnes, les chevaux sont excédés de fatigue.

Que les heures lui semblent longues; les tourmens de l'enfer sont dans son cœur. En se rappelant les graces, la candeur de Luce, il ne peut la croire coupable. Mais dieu! si elle l'est, si elle a pu vouloir tremper ses mains dans le sang de celui qui lui a donné la vie, est-il de supplice qui égale ce crime!

Dès la pointe du jour Miranda fait remonter ses gens à cheval; il n'arrivera jamais assez vîte au gré de sa douloureuse impatience. Quand il apperçoit les tours de Cordoue, il se trouble; un froid mortel passe dans ses veines: il est au moment de faire relâcher ce témoin redoutable. Il veut fuir la vérité qui ne peut que le rendre le plus infortuné des pères; il veut imposer silence à ses gens, ensevelir dans le plus profond secret cet horrible complot, reprendre le chemin de Mérida. Mais, si cet homme a cherché à le tromper, s'il peut retrouver Luce innocente, que lui importe la haine d'un lâche ? En ne cherchant point à approfondir ce mystère d'iniquité, il passera sa vie à douter de l'amour de sa fille ; d'ailleurs, la déclaration de cet homme a été en présence de sa suite : ne faut-il point que la réparation de l'injure qu'il a faite à Dona Luce soit aussi publique. Il poursuit donc sa marche, et arrive au palais où l'infernale marquise l'attendoit ; elle n'en marqua pas moins la surprise la plus extrême en le voyant paroître. Luce étoit auprès de sa belle-mère ; l'air dont son père l'aborda, sa pâleur, le désordre de ses habits souillés de sang, lui firent une telle impression qu'elle s'évanouit. Son père, loin d'être sensible à ce témoignagne du vif intérêt qu'elle prenoit à lui, le regarde comme une première indice de son crime. Il ordonne froidement qu'on la transporte dans sa chambre, qu'on s'assure de Théresia, qu'on garde avec le plus grand soin l'homme qu'il a fait ramener par ses gens, fait fermer toutes les portes du palais, défend que personne n'entre ou sorte, et ne profère jamais un mot de ce qui s'est passé ou se passera dans cette terrible journée; puis, faisant appeler Borelli, il raconte devant lui à la marquise tout ce qui lui est arrivé, et la révélation de l'assassin. Dona Miranda pousse des cris de surprise et d'effroi; elle ne peut croire Luce coupable. — Quant à Hurtado, dit-elle, je ne le penserois pas non plus, sans ce que vous a écrit Galettas; mais il est aisé de savoir si ce que vous a dit cet homme est vrai ; il faut s'informer si Hurtado s'est présenté ici il y a cinq jours. — Je me le rappelle parfaitement, dit le marquis, mes estafiers eurent toutes les peines du monde à l'empêcher de pénétrer dans le palais ; il demandoit à voir Stéphano. — Mais, ajouta Dona Miranda, il faut savoir s'il est sorti de Cordoue, et depuis quel jour. — Vous connoissez sa demeure, Borelli ! allez-y sur-le-champ, dit le marquis ; je vais donner l'ordre qu'on vous laisse sortir et rentrer. Mais, où est Théresia ? Il la fait demander ; on la cherche inutilement dans le palais ; elle étoit à la fenêtre quand le marquis est entré dans les cours : on l'a entendu faire un cri ; on est sûr qu'elle n'est pas sortie ; cependant, il est impossible de la trouver. — Elle aura été frappée de crainte en me voyant encore vivant, dit Miranda; elle étoit du complot, et elle se sera précipitée dans le canal. Ah! tout me prouve l'excès de mon malheur! En effet, la marquise qui avoit eu besoin de compromettre Théresia, pour éloigner d'elle tout soupçon, avoit exigé qu'aussitôt l'arrivée du marquis elle sortiroit par la porte secrette, et se rendroit au pavillon où elle resteroit tant qu'il seroit nécessaire, pour faire croire que les remords l'avoient portée à terminer ses jours.

Luce, que ses femmes avoient rappelée à la vie, ne savoit si un songe avoit abusé ses esprits; elle se rappeloit confusément qu'elle avoit vu son père, demandoit s'il étoit vrai qu'il fût de retour; et comme on l'en assuroit : — Pourquoi donc suis-je ici? Pourquoi se dérobe-t-il à mes embrassemens? et on gardoit le plus profond silence.

Alors, se levant de son lit : — Je veux le voir ; où est-il ? — Il a ordonné que vous restiez ici jusqu'à ce qu'il vint lui-même vous interroger. — M'interroger ? Ah ! je je suis perdue, tout est découvert ; et elle retomba dans le même état d'où elle sortoit.

A peine avoit-elle prononcé ces mots, qu'ils furent aussitôt rendus au marquis, et portèrent à son ame une atteinte mortelle. Cependant, Borelli arrive avec deux gardes des portes de la ville ; le marquis les fait entrer. — Ils déposent que Don-Hurtado, qu'ils connoissent parfaitement, est sorti il y a trois jours de Cordoue par la porte de Séville, qu'il étoit accompagné de quatre brigands qui avoient des chevaux très-vigoureux et de longues carabines. — Reconnoîtriez-vous, dit le marquis, les chevaux et les hommes ? — Oui certainement, dirent-ils tous deux, ils avoient une figure si rébarbarative, qu'il est impossible de les méconnoître ; et quant à leurs chevaux, il y en avoit un pie avec les quatre pieds noirs, que sûrement je distinguerois entre mille. C'étoit justement celui du scélérat qui avoit été arrêté. Ainsi, tout prouvoit de plus en plus qu'Hurtado avoit payé ces assassins. Le marquis dit à Stéphano de faire amener cet homme : lorsqu'il est venu, les gardes assurent qu'il étoit bien un des quatre qui avoient accompagné Hurtado. Miranda fait conduire les soldats dans ses écuries, et ils reconnoissent aussi le cheval; ils reviennent l'assurer que c'est le même. Le marquis leur fait donner une somme assez considérable, et les assure de sa protection s'ils gardent le silence.

Tout, jusque-là, accusoit l'époux de Luce ; mais il restoit à prouver qu'elle fût sa complice, c'est ce qui coûtoit le plus au cœur de ce père infortuné. Cependant, la disparution de Théresia, ces mots : je suis perdue, tout est découvert, étoient de terribles indices, mais ne suffisoient pas pour la condamner sans l'entendre : l'assassin avoit dit qu'il en étoit connu, il falloit la confronter avec lui. Miranda, excédé de fatigue, et ayant eu depuis vingt-quatre heures à soutenir des assauts si terribles, voulut prendre quelques heures de repos ; d'ailleurs, c'étoit peut-être les dernières où il pouvoit encore regarder Luce comme sa fille. Ah ! il auroit voulu éloigner pour jamais le moment de cette terrible conviction.

Cependant, la perfide marquise ne le quitte pas un instant ; elle attise le feu de sa colère contre

Hurtado ; elle revient sans cesse sur les circonstances que l'assassin a marquées avec tant d'astuce ; elle ne conçoit pas comment Théresia a pu devenir tout à coup un monstre, elle qui l'avoit toujours connue pleine de sagesse et de piété : elle se reproche de l'avoir placée auprès de sa belle-fille ; elle engage son époux à ne point exercer contre la malheureuse Luce toutes les rigueurs des lois ; d'étouffer cette odieuse affaire dont la honte rejailliroit sur ses fils, sur lui-même ; elle le conjure avec larmes, en faisant punir Hurtado, d'épargner son propre sang. — A-t-elle voulu épargner le mien, s'écria Miranda ? Non, plus elle me fut chère, plus je me livrerai contr'elle à toute ma fureur. Mais, ne craignez pas, ce ne sera pas à l'incertaine et lente justice des hommes que je la livrerai ; non, c'est au ciel même que je m'en remettrai de venger un père outragé : mais je le sens, il m'est impossible de supporter les tourmens que j'endure ; il faut enfin que mon supplice finisse ou que le sien commence. Il se fait amener encore son prisonnier, et ordonne qu'on fasse descendre Luce.

Luce qui, livrée à toutes les angoisses de la situation la plus affreuse, attendoit à chaque instant l'arrêt de son trépas dans la bouche d'un père, ne peut se soutenir ; ses femmes sont obligées de la porter : à peine l'apperçoit-elle, qu'elle veut se précipiter dans ses bras. Il la repousse, et lui ordonne de regarder l'homme qui est devant elle, et lui demande si elle le reconnoit. Luce, qui voit en lui un des témoins de son mariage, fait un cri et tombe aux genoux de son père. — Ah ciel ! dit-il, ne pouvant plus à peine contenir sa fureur, tu reconnois donc ton complice ; reproche-lui d'avoir porté des coups mal assurés, d'avoir laissé la vie à celui qui te l'avoit donnée, et qu'Hurtado a eu la lâcheté de ne vouloir pas attaquer au champ de l'honneur comme je lui avois offert ; il a mieux aimé s'en rapporter à des assassins. Luce, que les noms d'assassins mêlés à celui de son époux, tire de la stupeur où la présence de ce témoin l'avoit plongée, fait un effort pour se relever, et demande que son père daigne lui expliquer ce qu'il vient de dire. — Je conviens, lui dit-elle, que je suis coupable d'avoir épousé secrettement Hurtado, mais c'est mon seul crime ; le cœur de mon époux aussi pur que le mien ne peut avoir enfanté de forfaits. — Grand dieu ! s'écria Miranda, tu es la femme de ce monstre. — Mon père, c'est le plus digne et le plus vertueux des hommes : ô mon père ! n'accablez point de votre colère votre malheureuse fille qui porte dans son sein le gage de l'amour d'un époux aussi tendre qu'infortuné.—Luce, l'épouse d'Hurtado ! ah ! tout est éclairci.—Alors se livrant à toute sa fureur, il prend sa fille dans ses bras, il l'entraîne dans la cour du palais qu'il fait ouvrir; il l'a pousse hors du seuil. —Va, fuis, malheureuse, je te maudis, toi et le monstre qui t'a séduite.

Luce tombe sans vie, et Miranda fait refermer sur elle les portes de la maison paternelle qui ne se rouvriront jamais pour cette infortunée, tant qu'elle vivra.

Ce père qu'un courroux aveugle transporte, ne se connoît plus; il rentre désespéré dans ces funestes lieux dont il vient de bannir celle qui en faisoit tous les charmes. La marquise emploie ses perfides soins pour calmer sa douleur ; elle fait venir ses enfans qu'elle arrache aux douceurs du sommeil. Effrayés des regards de leur père où se peint le désespoir, ils se serrent contre le sein de la marquise. — Ils me détesteront aussi, s'écria-t-il douloureusement ! ah ! je suis destiné à ne rencontrer que des cœurs ingrats. — La marquise est obligée de les faire retirer, voyant que leur présence ne fait qu'aigrir la douleur de son époux pour elle. Elle jouit avec une joie barbare de la perte de sa victime. On n'a pas douté que c'étoit elle qui avoit fait aposter les assassins ; ils avoient eu ordre de ne faire qu'effrayer le marquis, et de respecter ses jours dont elle avoit besoin pour rendre ceux de Luce les plus infortunés : mais elle n'avoit pas cru que son époux emploieroit un pareil moyen pour se venger de sa fille ; elle avoit pensé qu'il la feroit renfermer et qu'il livreroit Hurtado à la justice. Cependant, il avoit chassé sa malheureuse fille, et ne parloit pas de faire punir son assassin. Elle le voyoit livré au plus affreux désespoir ; elle tremloit toujours qu'il ne révoquât l'anathême qu'il avoit prononcé: il gardoit le silence. Ce silence terrible qui tue en comprimant la violence des passions, elle osa enfin le rompre.—Vous avez exercé, lui dit-elle, une juste vengeance contre celle qui ne méritoit pas de vous devoir le jour; mais laisserez-vous donc impuni l'auteur de son crime! — Je les livre tous deux au malheur d'être unis. Je veux oublier jusqu'à leurs noms; et pour que rien ne m'en fasse jamais souvenir, je veux faire répandre le bruit de la mort de cette perfide, et que des funérailles magnifiques en imposent à tout Cordoue: ainsi, j'ensevelirai avec son simulacre, son nom, son crime et la tendresse d'un père qu'elle a payée d'une aussi noire ingratitude; et ayant fait venir son Majord-Dome, il lui commanda de tout disposer pour remplir ses volontés, et ordonna encore le plus profond secret.

FIN DU PREMIER VOLUME.

MALÉDICTION PATERNELLE.

www.ingramcontent.com/pod-product-compliance
Lightning Source LLC
LaVergne TN
LVHW050525100826
845148LV00002B/439

* 9 7 8 2 0 1 2 1 7 3 2 2 4 *